DAS HANDORAKEL
ODER: DIE KUNST DER WELTKLUGHEIT

Baltasar Gracián

DAS HANDORAKEL
ODER: DIE KUNST DER WELTKLUGHEIT

AuraBooks

– Bibliografische Information der Deutschen Nationalbibliothek –
Die Deutsche Nationalbibliothek verzeichnet diese Publikation in
der Deutschen Nationalbibliografie; detaillierte bibliografische Daten
sind im Internet über http://dnb.d-nb.de abrufbar.

Impressum

ISBN: 978-3756231300

BALTASAR GRACIÁN: DAS HANDORAKEL
ODER DIE KUNST DER WELTKLUGHEIT

Originalausgabe 2022/2020 (Print & eBook) by © *AuraBooks*®
Aus dem Spanischen ins Deutsche übertragen von Arthur Schopenhauer
Lektorat: Richard Steinheimer
Endlektorat und Umschlaggestaltung: *textkompetenz.net*
Covermotiv: Johan Moreelse
Herausgeber: © AuraBooks | redaktion@aurabooks.de
Gesetzt aus der Garamond
Herstellung und Verlag: BoD – Books on Demand, 22848 Norderstedt
Dieses Buch gibt es auch als eBook,
z. B. im amazon Kindle Bookstore

INHALT

Vorbemerkung 7

Vorwort des Übersetzers........................8

Graciáns Orakel der Weltklugheit...9

An den Leser 116

Bibliographischer Anhang.................117

Vorbemerkung

BALTASAR GRACIÁNS bemerkenswerte Schrift gehört zu jenen Büchern, von denen Menschen sagen, sie nähmen es als einziges auf eine einsame Insel mit – und das, obwohl es dort eigentlich fehl am Platz wäre. Denn dieser Ratgeber ist etwas für Menschen, die mitten im Leben stehen, die sich behaupten müssen, Intrigen durchschauen, Gelassenheit und Überlegenheit anstreben, anderen hilfreich zur Seite stehen, und doch ihre eigenen Interessen nicht aus den Augen verlieren. Ein intelligentes Brevier zwischen Marc Aurel und Machiavelli, das ganz grundsätzlich klärt, wie wir planen, sprechen und handeln sollten – mit Freunden und mit Gegnern. Man könnte es auch die ›Kunst der taktisch klugen Lebensführung‹ nennen.

Das Ganze in erfrischend schnörkellos pragmatischer Sprache, nirgends moralisierend, sondern oft genug augenzwinkernd, mit Schalk im Nacken. Lebenspraktisch und anwendbar wie kaum ein anderes Ratgeber-Buch – besser als jedes moderne Management-Seminar.

Ins Deutsche übertragen hat es Arthur Schopenhauer in einer kongenialen Übersetzung, die in Fachkreisen als Paradebeispiel für eine perfekte Buchübersetzung gilt. © *Redaktion AuraBooks, 2020*

ÜBER DEN AUTOR: Baltasar Gracián y Morales (1601–1658) war ein spanischer Autor und Hochschullehrer und gilt als einer der bedeutendsten philosophischen Schriftsteller der spanischen Literatur. Als Professor für Theologie wirkte er unter anderem am Hof in Madrid, wo er zahlreiche zeitgenössische Schriftsteller und Künstler, die sich gegenseitig inspirierten, kennenlernte. 1647 erschien dieses, sein berühmtestes Werk: ›*Oráculo manual y arte de prudencia*‹ (›Handorakel und Kunst der Weltklugheit‹), das in der Art eines Ratgebers Handreichungen zur Kunst der klugen Lebensführung versammelt.

Vorwort des Übersetzers

Von dem durch eine sehr alte und unvollkommene, später auch ins Lateinische übertragene, französische Übersetzung unter dem falschen Titel ›L'homme de cour par Gracian‹ weltbekannten spanischen Buch ist dieses die erste und einzige, unmittelbar aus der Ursprache gemachte deutsche Übersetzung. Denn die von Dr. Müller 1717 herausgegebene, abgesehen davon, dass sie heutzutage schlechterdings unlesbar ist, kann nur für eine Paraphrase gelten. Die Gegenwärtige schließt sich dem Text so genau an, als der von Grund aus verschiedene Charakter beider Sprachen es irgend leiden wollte und der Leser kann versichert sein, dass von dem ›Oraculo manual, y arte de prudencia‹ ihm hier nichts verloren gegangen ist, als bloß eine Anzahl Wortspiele, welche wiederzugeben unmöglich war: nur bei einigen ließ die Sprache den Versuch einer annähernden Nachahmung zu, bei welcher auf billigende Nachsicht des Lesers gerechnet ist.

Arthur Schopenhauer

GRACIÁNS ORAKEL DER WELTKLUGHEIT

... aus dessen Werken gezogen von D. Vincencio Juan de Lastanosa, und aus dem Spanischen Original treu und sorgfältig übersetzt von Arthur Schopenhauer

Geh'! gehorche meinen Winken,
Nutze deine jungen Tage,
Lerne zeitig klüger sein:
Auf des Glückes großer Waage
Steht die Zunge selten ein:
Du musst steigen oder sinken.
Du musst herrschen und gewinnen,
Oder dienen und verlieren,
Leiden oder triumphieren,
Amboss oder Hammer sein.
Goethe

1. Alles hat heutzutage seinen Gipfel erreicht,

... aber die Kunst sich geltend zu machen, den höchsten. Mehr gehört jetzt zu *einem* Weisen, als in alten Zeiten zu sieben: und mehr ist erfordert, um in diesen Zeiten mit einem einzigen Menschen fertig zu werden, als in vorigen mit einem ganzen Volk.

2. Herz und Kopf

Die beiden Pole der Sonne unserer Fähigkeiten: eines ohne das andere, halbes Glück. Verstand reicht nicht hin; Gemüt ist erfordert. Ein Unglück der Toren ist Verfehlung des Berufs im Stand, Amt, Land, Umgang.

3. Über sein Vorhaben in Ungewissheit lassen

Die Verwunderung über das Neue ist schon eine Wertschätzung seines Gelingens. Mit offenen Karten spielen, ist weder nützlich noch angenehm. Indem man seine Absicht nicht gleich kundgibt, erregt man die Erwartung, zumal wann man durch die Höhe seines Amts Gegenstand derallgemeinen Aufmerksamkeit ist. Bei allem lasse man etwas Geheimnisvolles durchblicken und errege, durch seine Verschlossenheit selbst, Ehrfurcht. Sogar wo man sich herauslässt, vermeide man plan zu sein; eben wie man auch im Umgang sein Inneres nicht jedem aufschließen darf. Behutsames Schweigen ist das Heiligtum der Klugheit. Das ausgesprochene Vorhaben wurde nie hochgeschätzt, vielmehr liegt es dem Tadel bloß: und nimmt es gar einen ungünstigen Ausgang, so wird man doppelt unglücklich sein. Man ahme daher dem göttlichen Walten nach, indem man die Leute in Vermutungen und Unruhe erhält.

4. Wissenschaft und Tapferkeit

... bauen die Größe auf. Sie machen unsterblich, weil sie es sind. Jeder ist so viel, als er weiß, und der Weise vermag *Alles*. Ein Mensch ohne Kenntnisse; eine Welt im Finstern. Einsicht und Kraft; Augen und Hände. Ohne Mut ist das Wissen unfruchtbar.

5. Abhängigkeit begründen

Den Götzen macht nicht der Vergolder, sondern der Anbeter[1]. Wer klug ist, sieht lieber die Leute seiner bedürftig, als ihm dankbar verbunden, sie am Seile der Hoffnung führen, ist Hofmannsart, sich auf ihre Dankbarkeit verlassen, Bauernart: denn letztere ist so vergesslich, als erstere von gutem Gedächtnis. Man erlangt mehr von der Abhängigkeit als von der verpflichteten Höflichkeit: wer seinen Durst gelöscht hat, kehrt gleich der Quelle den Rücken, und die ausgequetschte Apfelsine fällt von der goldenen Schüssel in den Kot. Hat die Abhängigkeit ein Ende, so wird das gute Vernehmen es auch bald finden und mit diesem die Hochachtung. Es sei also eine Hauptlehre aus der Erfahrung, dass man die Hoffnung zu erhalten, nie aber ganz zu befriedigen hat, vielmehr dafür sorgen soll, immerdar notwendig zu bleiben, sogar dem gekrönten Herrn. Jedoch soll man dies nicht so sehr übertreiben, dass man etwa schweige, damit er Fehler begehe, und soll nicht, des eigenen Vorteils halber, den fremden Schaden unheilbar machen.

6. Seine Vollendung erreichen

Man wird nicht fertig geboren: Mit jedem Tag vervollkommnet man sich in seiner Person und seinem Beruf, bis man den Punkt seiner Vollendung erreicht, wo alle Fähigkeiten vollständig, alle vorzüglichen Eigenschaften

---

[1] ... *Vergolder, sondern der Anbeter:* Wortspiel mit dora und adora

entwickelt sind. Dies gibt sich daran zu erkennen, dass der Geschmack erhaben, das Denken geläutert, das Urteil reif, und der Wille rein geworden ist. Manche gelangen nie zur Vollendung, immer fehlt ihnen noch etwas; andere kommen spät zur Reife. Der vollendete Mann, weise in seinen Reden, klug in seinem Tun, wird zum vertrauten Umgang der gescheuten Leute zugelassen, ja gesucht.

7. Sich vor dem Sieg über Vorgesetzte hüten

Alles Übertreffen ist verhasst, aber seinen Herrn zu übertreffen ist entweder ein dummer oder ein Schicksalsstreich. Stets war die Überlegenheit verabscheut; wieviel mehr die über die Überlegenheit selbst. Vorzüge niedriger Gattung wird der Behutsame verhehlen, wie etwa seine persönliche Schönheit durch Nachlässigkeit im Anzüge verleugnen. Es wird sich wohl treffen, dass jemand an Glücksumständen, ja an Gemütseigenschaften uns nachzustehen sich bequemt, aber an Verstand kein Einziger; wieviel weniger ein Fürst. Denn der Verstand ist eben die Königliche Eigenschaft und deshalb jeder Angriff auf ihn ein Majestätsverbrechen. Fürsten sind sie, und wollen es in dem sein, was am meisten auf sich hat. Sie mögen wohl, dass man ihnen hilft, jedoch nicht, dass man sie übertrifft: der ihnen erteilte Rat sehe daher mehr aus wie eine Erinnerung an das was sie vergaßen, als wie ein ihnen aufgestecktes Licht zu dem, was sie nicht finden konnten. Eine glückliche Anleitung zu dieser Feinheit geben uns die Sterne, welche, obwohl hellglänzend und Kinder der Sonne, doch nie so verwegen sind, sich mit den Strahlen dieser zu messen.

8. Leidenschaftslos sehen

Eine Eigenschaft der höchsten Geistesgröße, deren Überlegenheit selbst sie loskauft vom Joch gemeiner äußerer Eindrücke. Keine höhere Herrschaft, als die über sich selbst und über seine Affekten: sie wird zum Triumph des freien Willens. Sollte aber jemals die Leidenschaft sich der Person bemächtigen; so darf sie doch nie sich an das Amt wagen, und um so weniger, je höher solches ist. Dies ist eine edle Art, sich Verdrießlichkeiten zu ersparen, ja sogar auf dem kürzesten Weg zu Ansehn zu gelangen.

9. Nationalfehler verleugnen

Das Wasser nimmt die guten oder schlechten Eigenschaften der Schichten an, durch welche es läuft, und der Mensch die des Klimas, in welchem er geboren wird. Einige haben ihrem Vaterland mehr zu verdanken als andere, indem ein günstigerer Himmel sie umfing. Er gibt keine Nation, selbst nicht unter den gebildetsten, welche davon frei wäre, irgendeinen ihr eigentümlichen Fehler zu haben, welchen die benachbarten zu tadeln nicht ermangeln, entweder um sich davor zu hüten, oder sich damit zu trösten. Es ist eine rühmliche Geschicklichkeit, solche Makel seiner Nation an sich selbst zu bessern, oder wenigstens zu verbergen. Man erlangt dadurch den beifälligen Ruf, der Einzige unter den Seinigen zu sein: und was am wenigsten erwartet wurde, wird am höchsten geschätzt. Ebenso gibt es Fehler der Familie, des Standes, Amtes und Alters: Treffen alle diese in *einem* Menschen zusammen, ohne dass die Aufmerksamkeit ihnen entgegenwirkte; so machen sie aus ihm ein unerträgliches Ungeheuer.

10. Glück und Ruhm

So unbeständig jenes, so dauerhaft ist dieser: jenes für das Leben, dieser nachher: jenes gegen den Neid, dieser gegen die Vergessenheit. Glück wird gewünscht, bisweilen befördert; Ruhm wird erworben. Der Wunsch nach Ruhm entspringt dem Wert. Die Fama war und ist noch die Schwester der Giganten: stets folgt sie dem Übermäßigen, den Ungeheuern, oder den Wundern, dem Gegenstand des Abscheues oder des Beifalls.

11. Mit dem umgehen, von dem man lernen kann

Der freundschaftliche Umgang sei eine Schule der Kenntnisse, und die Unterhaltung bildende Belehrung: aus seinen Freunden mache man Lehrer und lasse den Nutzen des Lernens und das Vergnügen der Unterhaltung sich wechselseitig durchdringen. Mit Leuten von Einsicht hat man einen abwechselnden Genuss, indem man, für das was man sagt, Beifall und von dem was man hört, Nutzen einerntet. Was uns zu anderen führt, ist gewöhnlich unser eigenes Interesse: dies ist hier jedoch höherer Art. Der Aufmerksame besucht häufig die Häuser jener großartigen Hofleute, welche mehr Schauplätze der Größe als Paläste der Eitelkeit sind. Es gibt Herren, welche im Ruf der Weltklugheit stehn: nicht nur sind diese selbst, durch ihr Beispiel und ihren Umgang, Orakel aller Größe, sondern auch die sie umgebende Schaar bildet eine höfische Akademie guter und edler Klugheit jeder Art.

12. Natur und Kunst

Der Stoff und das Werk. Keine Schönheit besteht ohne Nachhilfe, und jede Vollkommenheit artet in Barbarei aus, wenn sie nicht von der Kunst erhöht wird: diese hilft dem Schlechten ab und vervollkommnet das Gute. Die Natur verlässt uns gemeinhin beim Besten: nehmen wir unsere Zuflucht zur Kunst. Ohne sie ist die beste natürliche Anlage ungebildet, und den Vollkommenheiten fehlt die Hälfte, wenn ihnen die Bildung fehlt. Jeder Mensch hat, ohne künstliche Bildung, etwas Rohes, und bedarf, in jeder Art von Vollkommenheit, der Politur.

13. Bald aus zweiter, bald aus erster Absicht handeln

Ein Krieg ist das Leben des Menschen gegen die Bosheit des Menschen. Die Klugheit führt ihn, indem sie sich der Kriegslisten, hinsichtlich ihres Vorhabens, bedient. Nie tut sie das, was sie vorgibt, sondern zielt nur, um zu täuschen. Mit Geschicklichkeit macht sie Luftstreiche; dann aber führt sie in der Wirklichkeit etwas Unerwartetes aus, stets darauf bedacht ihr Spiel zu verbergen. Eine Absicht lässt sie erblicken, um die Aufmerksamkeit des Gegners dahin zu ziehen, kehrt ihr aber gleich wieder den Rücken und siegt durch das, woran keiner gedacht. Jedoch kommt ihr andrerseits ein durchdringender Scharfsinn durch seine Aufmerksamkeit zuvor und belauert sie mit schlauer Überlegung: stets versteht er das Gegenteil von dem, was man ihm zu verstehn gibt, und erkennt sogleich jedes falsche Miene machen.

Die erste Absicht lässt er immer vorüber gehn, wartet auf die zweite, ja auf die dritte. Indem jetzt die Verstellung ihre Künste erkannt sieht, steigert sie sich noch höher und versucht nunmehr durch die Wahrheit selbst zu täuschen: sie ändert ihr Spiel, um ihre List zu ändern, und lässt das nicht Erkünstelte als erkünstelt erscheinen, indem sie so ihren Betrug auf die vollkommenste Aufrichtigkeit gründet. Aber die beobachtende Schlauheit ist auf ihrem Posten, strengt ihren Scharfblick an und entdeckt die in Licht gehüllte Finsternis: sie entziffert jenes Vorhaben, welches je aufrichtiger, desto trügerischer war. Auf solche Weise kämpft die Arglist des Python gegen den Glanz der durchdringenden Strahlen Apollos.

14. Die Sache und die Art

Das Wesentliche in den Dingen ist nicht ausreichend, auch die begleitenden Umstände sind erfordert. Eine schlechte Art verdirbt *alles*, sogar Recht und Vernunft; die gute Art hingegen kann *alles* ersetzen, vergoldet das Nein, versüßt die Wahrheit und schminkt das Alter selbst. Das Wie tut gar viel bei den Sachen: die artige Manier ist ein Taschendieb der Herzen. Ein schönes Benehmen ist der Schmuck des Lebens, und jeder angenehme Ausdruck hilft wundervoll von der Stelle.

15. Aushelfende Geister haben

Es ist ein Glück der Mächtigen, dass sie Männer von ausgezeichneter Einsicht sich beigesellen können: diese entreißen sie jeder Gefahr der Unwissenheit, und müssen schwierige Streitfragen für sie erörtern. Es liegt eine besondere Größe darin, die Weisen in seinem Dienst zu haben, und solche übertrifft bei Weitem den barbarischen Geschmack des Tigranes, der etwas darin suchte, gefangene Könige zu Dienern zu haben. Eine ganz neue Herrlichkeit ist es, und zwar im Besten des Lebens, künstlich die zu Dienern zu machen, welche die Natur hoch über uns gestellt hat. Das Wissen ist lang, das Leben kurz, und wer nichts weiß, der lebt auch nicht. Da ist es denn ungemein geschickt, ohne Müheaufwand zu studieren, und zwar viel durch *Viele*, um durch sie *Alle* gelehrt zu seien. Da redet man nachher in der Versammlung für *Viele*, indem aus Eines Munde so *Viele* reden, als man vorher zu Rate gezogen hat: so erlangt man, durch fremden Schweiß, den Ruf eines Orakels. Jene aushelfenden Geister suchen zuvörderst die Lektion zusammen und tischen sie uns sodann in Quintessenzen des Wissens auf. Wer nun aber es nicht dahin bringen kann, die Weisen in seinem Dienst zu haben, ziehe Nutzen von ihnen im Umgang.

16. Einsicht mit redlicher Absicht

Zusammen verbürgen sie durchgängiges Gelingen. Ein widernatürliches Ungeheuer war stets ein guter Verstand vereint mit einem bösen Willen. Die böswillige Absicht ist ein Gift aller Vollkommenheiten; vom Wissen unterstützt verdirbt sie auf eine feinere Weise. Unselige Überlegenheit, die zur Verworfenheit verwendet wird! – Wissenschaft ohne Verstand ist doppelte Narrheit.

17. Abwechslung in der Art zu verfahren

Man verfahre nicht immer auf gleiche Weise, damit man die Aufmerksamkeit, zumal die der Widersacher, verwirre: nicht stets aus der ersten Absicht; sonst werden jene diesen einförmigen Gang bald ausgelernt haben, und uns zuvorkommen, oder gar unser Tun vereiteln. Es ist leicht den Vogel im Fluge zu treffen, der ihn in grade fortgesetzter Richtung, nicht aber den, der ihn in gewundener nimmt. Aber auch aus der zweiten Absicht darf man nicht immer handeln: denn schon beim zweiten Mal kennen die Gegner die List. Die Bosheit steht auf der Lauer, und großer Schlauheit bedarf es, sie zu täuschen. Nie spielt der Spieler die Karte aus, welche der Gegner erwartet, noch weniger die, welche er wünscht.

18. Fleiß und Talent

Ohne beide ist man nie ausgezeichnet, jedoch im höchsten Grade, wenn man sie in sich vereint. Mit dem Fleiß bringt ein mittelmäßiger Kopf es weiter, als ein überlegener ohne denselben. Die Arbeit ist der Preis, für den man den Ruhm erkauft: was wenig kostet, ist wenig wert. Sogar für die höchsten Ämter hat es einigen nur an Fleiß gefehlt: nur selten ließ das Talent sie im Stich. Dass man lieber auf einem hohen Posten mittelmäßig, als auf einem niedrigen ausgezeichnet ist, hat die Entschuldigung eines hohen Sinnes für sich; hingegen dass man sich begnügt, auf dem untersten Posten mittelmäßig zu sein, während man auf dem obersten ausgezeichnet sein könnte, hat sie nicht. Also sind Natur und Kunst erfordert, und der Fleiß drückt ihnen das Siegel auf.

19. Nicht unter übermäßigen Erwartungen auftreten

Es ist das gewöhnliche Unglück alles sehr Gerühmten, dass es der übertriebenen Vorstellung, die man sich von ihm machte, nachmals nicht gleichkommen kann. Nie konnte das Wirkliche das Eingebildete erreichen: denn sich Vollkommenheiten denken, ist leicht; sie verwirklichen sehr schwer. Die Einbildungskraft verbindet sich mit dem Wunsch und stellt sich daher stets viel mehr vor, als die Dinge sind. Wie groß nun auch die Vortrefflichkeiten sein mögen, so reichen sie doch nicht hin, den vorgefassten Begriff zu befriedigen: und da sie ihn unter der Täuschung seiner ausschweifenden Erwartung vorfinden; so werden sie eher seinen Irrtum zerstören, als Bewunderung erregen.

Die Hoffnung ist eine große Verfälscherin der Wahrheit: die Klugheit weise sie zurecht und sorge dafür, dass der Genuss die Erwartung übertreffe. Dass man beim Auftreten schon einigermaßen die Meinung für sich habe, dient die Aufmerksamkeit zu erregen, ohne dem Gegenstand derselben Verpflichtungen aufzulegen. Viel besser ist es immer, wenn die Wirklichkeit die Erwartung übersteigt und mehr ist als man gedacht hatte. Diese Regel wird falsch beim Schlimmen: denn da diesem die Übertreibung zustattenkommt, so sieht man solche gern widerlegt, und dann gelangt das, was als ganz abscheulich gefürchtet wurde, noch dahin, erträglich zu scheinen.

20. Der Mann seines Jahrhunderts

Die außerordentlich seltenen Menschen hängen von der Zeit ab. Nicht alle haben die gefunden, deren sie würdig waren, und viele fanden sie zwar, konnten aber doch nicht dahin gelangen, sie zu nutzen. Einige waren eines bessern Jahrhunderts wert; denn nicht immer triumphiert jedes Gute. Die Dinge haben ihre Periode und sogar die höchsten Eigenschaften sind der Mode unterworfen. Der Weise hat jedoch einen Vorteil, den, dass er unsterblich ist: ist dieses nicht sein Jahrhundert; so werden viele andre es sein.

21. Die Kunst Glück zu haben

Es gibt Regeln für das Glück: denn für den Klugen ist nicht alles Zufall. Die Bemühung kann dem Glück nachhelfen. Einige begnügen sich damit, sich wohlgemut an das Tor der Glücksgöttin zu stellen und zu erwarten, dass sie öffne. Andere, schon besser, streben vorwärts und machen ihre kluge Kühnheit geltend, damit sie, auf den Flügeln ihres Wertes und ihrer Tapferkeit, die Göttin erreichen und ihre Gunst gewinnen mögen. Jedoch richtig philosophiert, gibt es keinen andern Weg als den der Tugend und Umsicht; indem *Jeder* gerade so viel Glück und so viel Unglück hat, als Klugheit oder Unklugheit.

22. Ein Mann von willkommenen Kenntnissen

Gescheite Leute sind mit einer eleganten und geschmackvollen Belesenheit ausgerüstet, haben ein zeitgemäßes Wissen von allem, was an der Tagesordnung ist, jedoch mehr auf eine gelehrte als auf eine gemeine Weise: sie halten sich einen geistreichen Vorrat witziger Reden und edler Taten, von welchem sie zu rechter Zeit Gebrauch zu machen verstehn. Oft war ein guter Rat besser angebracht in der Form eines Witzwortes, als in der der ernstesten Belehrung; und gangbares Wissen hat manchem mehr geholfen als alle sieben Künste, so frei sie auch sein mögen.

23. Ohne Makel sein

Die unerlässliche Bedingung der Vollkommenheit. Es gibt wenige, die ohne irgendein Gebrechen wären, wie im Physischen, so im Moralischen: und sie lieben solches innig, da sie doch leicht es heilen könnten. Mit Bedauern sieht die fremde Klugheit, wie oft einem ganzen Verein erhabener Fähigkeiten ein kleiner Fehler sich keck angehängt hat; und *eine*

Wolke ist hinreichend, die ganze Sonne zu verdunkeln. Dergleichen sind Flecken unsers Ansehens, welche das Misswollen sogleich herausfindet, und immer wieder darauf zurückkommt. Die größte Geschicklichkeit wäre, sie in Zierden zu verwandeln, in der Art, wie Cäsar sein physisches Gebrechen mit dem Lorbeer zu bedecken wusste.

24. Die Einbildungskraft zügeln,

... indem man bald sie zurechtweist, bald ihr nachhilft: denn sie vermag alles über unser Glück, und sogar unser Verstand erhält Berichtigung von ihr. Sie kann eine tyrannische Gewalt erlangen und begnügt sich nicht mit müßiger Beschauung, sondern wird tätig, bemächtigt sich sogar oft unsers ganzen Daseins, welches sie mit Lust oder Traurigkeit erfüllt, je nachdem die Torheit ist, auf die sie verfiel: denn sie macht uns mit uns selbst zufrieden oder unzufrieden, spiegelt Einigen beständige Leiden vor und wird der häusliche Henker dieser Toren: Andern zeigt sie nichts als Seligkeiten und Glücksfälle, unter lustigem Schwindeln des Kopfs. Alles dieses vermag sie, wenn nicht die vernünftige Obhut unsrer selbst ihr den Zaum anlegt.

25. Winke zu verstehen wissen

Einst war es die Kunst aller Künste, reden zu können: jetzt reicht das nicht aus; erraten muss man können, vorzüglich wo es auf Zerstörung unsrer Täuschung abgesehen ist. Der kann nicht sehr verständig sein, der nicht leicht versteht. Es gibt hingegen auch Schatzgräber der Herzen und Luchse der Absichten. Grade die Wahrheiten, an welchen uns am meisten gelegen, werden stets nur halb ausgesprochen; allein der Aufmerksame fasse sie im vollen Verstande auf. Bei allem Erwünschten ziehe er seinen Glauben am Zügel zurück, aber gebe ihm den Sporn bei allem Verhassten.

26. Die Daumschraube eines Jeden finden

Dies ist die Kunst, den Willen andrer in Bewegung zu setzen. Es gehört mehr Geschick als Festigkeit dazu. Man muss wissen, wo einem Jeden beizukommen sei. Es gibt keinen Willen, der nicht einen eigentümlichen Hang hätte, welcher nach der Mannigfaltigkeit des Geschmacks verschieden ist. Alle sind Götzendiener, einige der Ehre, andre des Interesses, die meisten des Vergnügens. Der Kunstgriff besteht darin, dass man diesen Götzen eines Jeden kenne, um mittelst desselben ihn zu bestimmen. Weiß man, welches für Jeden der wirksame Anstoß sei, so ist es als hätte man den Schlüssel zu seinem Willen. Man muss nun auf die allererste Springfeder, oder das *primum inodils* in ihm, zurückgehen, welches aber nicht etwa das Höchste seiner Natur, sondern meistens das Niedrigste ist: denn es gibt mehr schlecht- als wohlgeordnete Gemüter in der Welt. Jetzt muss man zuvörderst sein Gemüt bearbeiten, dann ihm durch ein Wort den Anstoß geben, endlich mit seiner Lieblingsneigung den Hauptangriff machen; so wird unfehlbar sein freier Wille schachmatt.

27. Das Intensive höher als das Extensive schätzen

Die Vollkommenheit besteht nicht in der Quantität, sondern in der Qualität. Alles Vortreffliche ist stets wenig und selten: die Menge und Masse einer Sache macht sie geringgeschätzt. Sogar unter den Menschen sind die Riesen meistens die eigentlichen Zwerge. Einige schätzen die Bücher nach ihrer Dicke; als ob sie geschrieben wären, die Arme, nicht die Köpfe daran zu üben. Das Extensive allein führt nie über die Mittelmäßigkeit hinaus, und es ist das Leiden der universellen Köpfe, dass sie, um in *Allem* zu Hause zu sein, es nirgends sind. Hingegen ist es das Intensive, woraus die Vortrefflichkeit entspringt, und zwar eine heroische, wenn in erhabener Gattung.

28. In nichts gemein

Erstlich, nicht im Geschmack. O des großen Weisen, den es niederschlug, dass seine Sache der Menge gefiel![2] Gemeiner Beifall in Fülle gibt dem Verständigen kein Genügen. Dagegen sind manche solche Chamäleons der Popularität, dass sie ihren Genuss nicht in den sanften Anhauch Apollos, sondern in den Atem des großen Haufens setzen. – Zweitens, nicht im Verstande: man finde kein Genügen an den Wundern des Pöbels, dessen Unwissenheit ihn nicht über das Erstaunen hinauskommen lässt: während die allgemeine Dummheit bewundert, deckt der Verstand des Einzelnen den Trug auf.

29. Ein rechtschaffener Mann sein

Stets steht dieser auf der Seite der Wahrheit, mit solcher Festigkeit des Vorsatzes, dass weder die Leidenschaft des großen Haufens, noch die Gewalt des Despoten ihn jemals dahin bringen, die Grenze des Rechts zu

---

[2] Ein griechischer Redner fragte, als das Volk ihm Beifall zurief, betroffen seine Freunde: »Habe ich etwas Verkehrtes gesagt?«

übertreten. Allein wer ist dieser Phönix der Gerechtigkeit? Wohl wenige echte Anhänger hat die Rechtschaffenheit. Zwar rühmen sie Viele, jedoch nicht für ihr Haus. Andre folgen ihr bis zum Punkt der Gefahr: dann aber verleugnen sie die Falschen, verhehlen sie die Politischen. Denn sie kennt keine Rücksicht, sei es, dass sie mit der Freundschaft, mit der Macht, oder mit dem eigenen Interesse sich feindlich begegnete: hier nun liegt die Gefahr abtrünnig zu werden. Jetzt abstrahieren, mit scheinbarer Metaphysik, die Schlauen von ihr, um nicht der Absicht der Höheren oder der Staatsräson in den Weg zu treten. Jedoch der beharrliche Mann hält jede Verstellung für eine Art Verrat: er setzt seinen Wert mehr in seine unerschütterliche Festigkeit, als in seine Klugheit. Stets ist er zu finden, wo die Wahrheit zu finden ist: und fällt er von einer Partei ab, so ist es nicht aus Wankelmut von seiner, sondern von ihrer Seite, indem sie zuvor von der Sache der Wahrheit abgefallen war.

30. Sich nicht zu Beschäftigungen bekennen, die in schlechtem Ansehen stehen,

... noch weniger zu Schimären, wodurch man sich eher in Verachtung, als in Ansehen bringt. Es gibt mancherlei grillenhafte Sekten, von welchen allen der kluge Mann sich fernhält. Aber es gibt Leute von wunderlichem Geschmack, welche immer nach dem greifen, was die Weisen verworfen haben, und dann in diesen Seltsamkeiten sich gar sehr gefallen. Dadurch werden sie zwar allgemein bekannt, doch mehr als Gegenstand des Lachens, als des Ruhms. Sogar zur Weisheit wird der umsichtige Mann sich nicht auf eine hervorstechende Weise bekennen, viel weniger zu Dingen, welche ihre Anhänger lächerlich machen. Sie werden hier nicht aufgezählt, weil die allgemeine Verachtung sie genügend bezeichnet hat.

31. Die Glücklichen und Unglücklichen kennen,

... um sich zu jenen zu halten und diese zu fliehen. Das Unglück ist meistenteils Strafe der Torheit, und für die Teilnahme ist keine Krankheit ansteckender. Man darf nie dem kleineren Übel die Tür öffnen: denn hinter ihm werden sich stets viele andere und größere einschleichen. Die feinste Kunst beim Spiel besteht im richtigen Kartenziehen: und die kleinste Karte der Farbe, die jetzt Trumpf ist, ist wichtiger als die größte derjenigen, die es vorher war. Ist man im Zweifel, so ist das Gescheiteste, sich zu den Klugen und Vorsichtigen zu halten, da diese früh oder spät das Glück einholen.

32. Im Ruf der Gefälligkeit stehen

Das Ansehen derer, die am Staatsruder stehn, gewinnt sehr dadurch, dass sie willfährig sind, und die Huld ist eine Eigenschaft der Herrscher, durch welche sie die allgemeine Gunst erlangen. Dies ist ja eben der einzige Vorzug, den die höchste Macht gibt, dass man mehr Gutes tun kann als alle andern. Freunde sind die, welche Freundschaft erweisen. Dagegen gibt es andre, welche sich darauf legen, ungefällig zu sein, nicht so sehr wegen des Beschwerlichen, als aus Tücke: sie sind ganz und gar das Gegenteil der göttlichen Milde.

33. Sich zu entziehen wissen

Wenn eine große Lebensregel die ist, dass man zu verweigern verstehe; so folgt, dass es eine noch wichtigere ist, dass man sich selbst, sowohl den Geschäften als den Personen, zu verweigern wisse. Es gibt fremdartige Beschäftigungen, welche die Motten der kostbaren Zeit sind. Sich mit etwas Ungehörigem beschäftigen, ist schlimmer als Nichtstun. Für den Umsichtigen ist es nicht hinreichend, dass er nicht zudringlich sei, sondern er muss auch dafür sorgen, dass andre sich ihm nicht aufdringen. So sehr darf man nicht *Allen* angehören, dass man nicht mehr sich selber angehörte. Eben so darf man auch seinerseits nicht seine Freunde missbrauchen, und nicht mehr von ihnen verlangen, als sie eingeräumt haben. Jedes Übermaß ist fehlerhaft, aber am meisten im Umgang. Mit dieser klugen Mäßigung wird man sich am besten die Gunst und Wertschätzung *Aller* erhalten, weil alsdann der so kostbare Anstand nicht allmählig bei Seite gesetzt wird. Man erhalte sich also die Freiheit seiner Sinnesart, liebe innig das Auserlesene jeder Gattung, und tue nie der Aufrichtigkeit seines guten Geschmackes Gewalt an.

34. Seine vorherrschende Fähigkeit kennen,

... sein hervorstechendes Talent; sodann dieses ausbilden und den übrigen nachhelfen. Jeder wäre in irgendetwas ausgezeichnet geworden, hätte er seinen Vorzug gekannt. Man beobachte also seine überwiegende Eigenschaft und verwende auf diese allen Fleiß. Bei *Einigen* ist der Verstand, bei *Andern* die Tapferkeit vorherrschend. Die meisten tun aber ihren Naturgaben Gewalt an, und bringen es deshalb in nichts zur Überlegenheit. Das, was anfangs der Leidenschaft schmeichelte, wird von der Zeit zu spät als Irrtum aufgedeckt.

35. Nachdenken, und am meisten über das,

... woran am meisten gelegen. Weil sie nicht denken, gehn alle Dummköpfe zu Grunde: sie sehen in den Dingen nie auch nur die Hälfte von dem, was da ist; und da sie sich so wenig anstrengen, dass sie nicht einmal ihren eigenen Schaden oder Vorteil begreifen, legen sie großen Wert auf das, woran wenig, und geringen auf das, woran viel gelegen, stets verkehrt abwägend. Viele verlieren den Verstand deshalb nicht, weil sie keinen haben. Es gibt Sachen, die man mit der ganzen Anstrengung seines Geistes untersuchen und nachher in der Tiefe desselben aufbewahren soll. Der Kluge denkt über *Alles* nach, wiewohl mit Unterschied: er vertieft sich da, wo er Grund und Widerstand findet, und denkt bisweilen, dass noch mehr da ist, als er denkt: dergestalt reicht sein Nachdenken eben so weit als seine Besorgnis.

36. Sein Glück erwogen haben,

... um zu handeln, um sich einzulassen. Daran ist mehr gelegen, als an der Beobachtung seines Temperaments. Ist aber der ein Tor, welcher im vierzigsten Jahre sich an den Hippokrates, seiner Gesundheit halber, wendet, so ist es der noch mehr, welcher dann erst an den Seneca, der Weisheit wegen. Es ist eine große Kunst, sein Glück zu leiten zu wissen, indem man bald es abwartet, denn auch mit Warten ist bei ihm etwas auszurichten, bald es zur rechten Zeit benutzt, da es Perioden hält und Gelegenheiten darbietet; obwohl man ihm seinen Gang nicht ablernen kann, so regellos sind seine Schritte. Wer es günstig befunden hat, schreite keck vorwärts; denn es liebt die Kühnen leidenschaftlich, und, als schönes Weib, auch die Jünglinge. Wer aber Unglück hat, tue nichts mehr; sondern ziehe sich zurück, damit er nicht zu dem Unstern, der schon über ihm steht, einen zweiten heranrufe.

37. Stichelreden kennen und anzuwenden verstehen

Dies ist der Punkt der größten Feinheit im menschlichen Umgang. Solche Stichelreden werden oft hingeworfen, um die Gemüter zu prüfen, und mittelst ihrer stellt man die versteckteste und zugleich eindringlichste Untersuchung des Herzens an. Eine andere Art derselben sind die boshaften, verwegenen, vom Gift des Neides angesteckten, oder mit dem Geifer der Leidenschaft getränkten: diese sind oft unvorhergesehene Blitze, durch welche man aus aller Gunst und Hochachtung mit einem Male herabgeschleudert wird; von einem leichten Wörtchen dieser Art getroffen, sind manche aus dem engsten Vertrauen der höchsten oder geringerer Personen herabgestürzt, denen doch auch nur den mindesten Schreck zu erregen, eine vollständige Verschwörung zwischen der Unzufriedenheit der Menge und der Bosheit der Einzelnen, unvermögend gewesen war. Wieder eine andere Art von Stichelreden wirkt im entgegengesetzten Sinne, indem sie unser Ansehen stützt und befestigt. Allein mit derselben Geschicklichkeit, mit welcher die Absichtlichkeit sie schleudert, muss die Vorkehr sie empfangen, ja die Umsicht sie schon zum Voraus erwarten. Denn hier beruht die Abwehr auf der Kenntnis des Übels, und der vorhergesehene Schuss verfehlt jedes Mal sein Ziel.

38. Vom Glück beim Gewinnen scheiden:

... so machen es alle Spieler von Ruf. Ein schöner Rückzug ist eben so viel wert, als ein kühner Angriff. Man bringe seine Taten, wann ihrer genug, wann ihrer viele sind, in Sicherheit. Ein lange anhaltendes Glück ist allemal verdächtig: das unterbrochene ist sicherer und das Süßsaure desselben sogar dem Geschmack angenehmer. Je mehr sich Glück auf Glück häuft, desto mehr Gefahr laufen sie auszugleiten und alle mit einander niederzustürzen. Die Höhe der Gunst des Glücks wird oft durch die Kürze ihrer Dauer aufgewogen: denn das Glück wird es müde, *Einen* so lange auf den Schultern zu tragen.

39. Den Punkt der Reife an den Dingen kennen,

... um sie dann zu genießen. Die Werke der Natur gelangen alle zu einem Gipfel der Vollkommenheit: bis dahin nahmen sie zu, von dem an ab: unter denen der Kunst hingegen sind nur wenige, die dahin gebracht wären, dass sie keiner Verbesserung mehr fähig sind. Es ist ein Vorzug des guten Geschmacks, dass er jede Sache auf dem Punkt ihrer Vollendung genießt: Alle können dies nicht, und die es könnten, verstehn es nicht. Sogar für die Früchte des Geistes gibt es einen solchen Punkt der Reife: es ist wichtig, ihn zu kennen, hinsichtlich der Schätzung sowohl, als der Ausübung.

40. Gunst bei den Leuten

Die allgemeine Bewunderung zu erlangen, ist viel; mehr jedoch, die allgemeine Liebe. In etwas hängt es von der Gunst der Natur, aber mehr von der Bemühung ab: jene legt den Grund, diese führt es aus. Ausgezeichnete Fähigkeiten reichen nicht hin, obwohl sie vorausgesetzt werden: denn hat man einmal die Meinung gewonnen, so ist es leicht, auch die Zuneigung zu gewinnen. Sodann erwirbt man Wohlwollen nicht ohne Wohltun: Gutes getan, mit beiden Händen, schöne Worte, noch bessere Taten, lieben, um geliebt zu werden. Die Höflichkeit ist die größte politische Zauberei der Großen. Erst strecke man seine Hand zu Taten aus, und sodann nach den Federn; vom Stichblatt nach dem Geschichtsblatt: denn es gibt auch eine Gunst der Schriftsteller, und sie ist unsterblich.

41. Nie übertreiben

Es sei ein wichtiger Gegenstand unsrer Aufmerksamkeit, nicht in Superlativen zu reden; teils um nicht der Wahrheit zu nahe zu treten, teils um nicht unsern Verstand herabzusetzen. Die Übertreibungen sind Verschwendungen der Hochschätzung, und zeugen von der Beschränktheit unserer Kenntnisse und unsers Geschmacks. Das Lob erweckt lebhafte Neugierde, reizt das Begehren, und wann nun nachher, wie es sich gemeiniglich trifft, der Wert dem Preis nicht entspricht; so wendet die getäuschte Erwartung sich gegen den Betrug, und rächt sich durch Geringschätzung des Gerühmten und des Rühmers. Daher gehe der Kluge zurückhaltend zu Werke und fehle lieber durch das Zuwenig als durch das Zuviel. Die ganz außerordentlichen Dinge jeder Art sind selten; also mäßige man seine Wertschätzung. Die Übertreibung ist der Lüge verwandt, und durch dieselbe kommt man um den Ruf des guten Geschmacks, welches viel, und um den der Verständigkeit, welches mehr ist.

42. Von angeborener Herrschaft

Sie ist die geheim wirkende Kraft der Überlegenheit. Nicht aus einer widerlichen Künstelei darf sie hervorgehen, sondern aus einer gebietenden Natur. Alle unterwerfen sich ihr, ohne zu wissen wie, indem sie die verborgene Macht natürlicher Autorität anerkennen. Diese gebietenden Geister sind Könige durch ihren Wert, und Löwen, kraft angeborenen Vorrechts. Durch die Hochachtung, die sie einflößen, nehmen sie Herz und Verstand der Übrigen gefangen. Sind solchen nun auch die andern Fähigkeiten günstig; so sind sie geboren, die ersten Hebel der Staatsmaschine zu sein: denn sie wirken mehr durch eine Miene, als andre durch eine lange Rede.

43. Denken wie die wenigsten und reden wie die meisten

Gegen den Strom schwimmen zu wollen, vermag keineswegs den Irrtum zu zerstören, sehr wohl aber, in Gefahr zu bringen. Nur ein Sokrates konnte es unternehmen. Von andrer Meinung abweichen, wird für Beleidigung gehalten; denn es ist ein Verdammen des fremden Urteils. Bald mehren sich die darob Verdrießlichen, teils wegen des getadelten Gegenstandes, teils wegen dessen, der ihn gelobt hatte. Die Wahrheit ist für Wenige, der Trug so allgemein wie gemein. Den Weisen wird man nicht an dem erkennen, was er auf dem Marktplatz redet: denn dort spricht er nicht mit seiner Stimme, sondern mit der der allgemeinen Torheit, so sehr auch sein Inneres sie verleugnen mag. Der Kluge vermeidet eben so sehr, dass man ihm, als dass er anderen widerspreche: so bereit er zum Tadel ist, so zurückhaltend in der Äußerung desselben. Das Denken ist frei, ihm kann und darf keine Gewalt geschehn. Daher zieht der Kluge sich zurück in das Heiligtum seines Schweigens: und lässt er ja sich bisweilen aus; so ist es im engen Kreise Weniger und Verständiger.

44. Mit großen Männern sympathisieren

Es ist eine Eigenschaft der Heroen, mit Heroen übereinzustimmen. Hierin liegt ein Wunder der Natur, sowohl wegen des Geheimnisvollen darin, als auch wegen des Nützlichen. Es gibt eine Verwandtschaft der Herzen und Gemütsarten: ihre Wirkungen sind solche, wie die Unwissenheit des großen Haufens sie Zaubertränken zuschreibt. Sie bleibt nicht bei der Hochachtung stehn, sondern geht bis zum Wohlwollen, ja bis zur Zuneigung. Sie überredet ohne Worte und erlangt ohne Verdienst. Es gibt eine aktive und eine passive: beide sind heilbringend, und um so mehr, in je erhabenerer Gattung. Es ist eine große Geschicklichkeit, sie zu erkennen, zu unterscheiden und sie zu nutzen zu verstehen. Denn kein Eigensinn kann ohne diese geheime Gunst zum Zwecke führen.

45. Von der Schlauheit Gebrauch, nicht Missbrauch machen

Man soll sich nicht in ihr gefallen, noch weniger sie zu verstehn geben. Alles Künstliche muss verdeckt bleiben, weil es verdächtig ist, besonders aber, wenn es Vorsichtsmaßregeln betrifft; denn da ist es verhasst. Der

Betrug ist stark im Gebrauch; daher verdoppele sich der Verdacht, ohne jedoch sich zu erkennen zu geben; weil er sonst Misstrauen erregt, sehr kränkt, zur Rache auffordert und Schlechtigkeiten erweckt, an welche vorher keiner gedacht hatte. Mit Überlegung zu Werke gehn, ist ein mächtiger Vorteil beim Handeln, und es gibt keinen sichereren Beweis von Vernunft. Die größte Vollkommenheit der Handlungen stützt sich auf die sichere Meisterschaft, mit der man sie ausführt.

46. Seine Antipathie bemeistern

Oft verabscheuen wir aus freien Stücken, und sogar ehe wir die Eigenschaften der betreffenden Personen kennen gelernt haben: bisweilen wagt dieser angeborene, pöbelhafte Widerwille sich selbst gegen die ausgezeichnetsten Männer zu regen. Die Klugheit werde Herr über ihn: denn nichts kann eine schlechtere Meinung von uns erregen, als dass wir die verabscheuen, welche mehr wert sind als wir. So sehr als die Sympathie mit großen Männern zu unserm Vorteil spricht, setzt die Antipathie gegen dieselben uns herab.

47. Ehrensachen meiden

Einer der wichtigsten Gegenstände der Vorsicht. In Leuten von umfassendem Geiste liegen stets die Extreme sehr weit von einander entfernt, sodass ein langer Weg vom einen zum andern ist: sie selbst aber halten sich immer im Mittelpunkt ihrer Klugheit, daher sie es nicht leicht zum Bruch kommen lassen. Denn es ist viel leichter einer Gelegenheit dieser Art auszuweichen, als mit Glück aus derselben herauszukommen.

Dergleichen sind Versuchungen unsrer Klugheit, und es ist sicherer sie zu fliehen, als in ihnen zu siegen. Eine Ehrensache führt eine andre und schlimmere herbei, und dabei kann die Ehre leicht sehr zu Schaden kommen. Es gibt Leute, die, vermöge ihres eigentümlichen oder ihres National-Charakters, leicht Gelegenheit nehmen und geben, und geneigt sind Verpflichtungen dieser Art einzugehn. Hingegen bei dem, der am Lichte der Vernunft wandelt, bedarf die Sache längerer Überlegung. Er sieht mehr Mut darin, sich nicht einzulassen, als zu siegen: und wenn auch etwa ein allezeit bereitwilliger Narr da ist, so bittet er zu entschuldigen, dass er nicht Lust hat, der andre zu sein.

48. Gründlichkeit und Tiefe

Nur so weit man diese hat, kann man mit Ehren eine Rolle spielen. Stets muss das Innere noch einmal soviel sein, als das Äußere. Dagegen gibt es Leute von bloßer Fassade, wie Häuser, die, weil die Mittel fehlten, nicht ausgebaut sind und den Eingang eines Palasts, den Wohnraum einer Hütte haben. An solchen ist gar nichts, wobei man lange weilen könnte, obwohl sie langweilig genug sind; denn, sind die ersten Begrüßungen zu Ende, so ist es auch die Unterhaltung. Mit den vorläufigen Höflichkeitsbezeugungen treten sie wohlgemut auf, wie Sizilianische Pferde, aber gleich darauf versinken sie in Stillschweigen: denn die Worte versiegen bald, wo keine Quelle von Gedanken fließt. Andre, die selbst einen oberflächlichen Blick haben, werden leicht von diesen getäuscht; aber nicht so die Schlauen: diese gehn aufs Innere und finden es leer, bloß zum Spott gescheuter Leute tauglich.

49. Scharfblick und Urteil

Wer hiermit begabt ist bemeistert sich der Dinge, nicht sie seiner: die größte Tiefe weiß er zu ergründen und die Fähigkeiten eines Kopfs auf das Vollkommenste anatomisch zu zerlegen. Indem er einen Menschen sieht, versteht er ihn und beurteilt sein innerstes Wesen. Er macht seine Beobachtungen und versteht meisterhaft das verborgenste Innere zu entziffern. Er bemerkt scharf, begreift gründlich und urteilt richtig: Alles entdeckt, sieht, fasst und versteht er.

50. Nie setze man die Achtung gegen sich selbst aus den Augen,

... und mache sich nicht mit sich selbst gemein. Unsere eigene Makellosigkeit muss die Richtschnur für unsern untadelhaften Wandel sein, und die Strenge unsers eigenen Urteils muss mehr über uns vermögen, als alle äußeren Vorschriften. Das Ungeziemende unterlasse man mehr aus Scheu vor seiner eigenen Einsicht, als aus der vor der strengsten fremden Autorität. Man gelange dahin, sich selbst zu fürchten; so wird man nicht Senecas imaginären Hofmeister nötig haben.

51. Zu wählen wissen

Das Meiste im Leben hängt davon ab. Es erfordert guten Geschmack und richtiges Urteil: denn weder Gelehrsamkeit noch Verstand reichen aus. Ohne Wahl ist keine Vollkommenheit: jene schließt in sich, dass man wählen könne, und das Beste. Viele von fruchtbarem und gewandtem Geist, scharfem Verstand, Gelehrsamkeit und Umsicht, wenn sie zum Wählen kommen, gehn dennoch zu Grunde: sie ergreifen allemal das Schlechteste, als ob sie es darauf anlegten, irre zu gehen. Also ist dieses eine der größten Gaben von Oben.

52. Nie aus der Fassung geraten

Ein großer Punkt der Klugheit, nie sich zu entrüsten. Es zeigt einen ganzen Mann, von großem Herzen an: denn alles Große ist schwer zu bewegen. Die Affekten sind die krankhaften Säfte der Seele, und an jedem Übermaß derselben erkrankt die Klugheit: steigt gar das Übel bis zum Munde hinaus, so läuft die Ehre Gefahr. Man sei daher so ganz Herr über sich und so groß, dass weder im größten Glück, noch im größten Unglück man die Blöße einer Entrüstung gebe, vielmehr, als über jene erhaben, Bewunderung gebiete.

53. Tätigkeit und Verstand

Was dieser ausführlich durchdacht hat, führt jene rasch aus. Eilfertigkeit ist eine Eigenschaft der Dummköpfe: weil sie den Punkt des Anstoßes nicht gewahr werden, gehn sie ohne Vorkehr zu Werke. Dagegen pflegen die Weisen eher durch Zurückhaltung zu fehlen: denn das Vorhersehn gebiert Vorkehrungen, und so vereitelt Mangel an Tatkraft bisweilen die Früchte des richtigen Urteils. Schnelligkeit ist die Mutter des Glücks. Wer nichts auf Morgen ließ, hat viel getan. Eile mit Weile war ein recht Kaiserlicher Wahlspruch.

54. Haare auf den Zähnen haben

Den toten Löwen zupfen sogar die Hasen an der Mähne. Mit der Tapferkeit lässt sich nicht Scherz treiben. Gibst du dem Ersten nach, so musst du es auch dem andern, und so bis zum Letzten; und spät zu siegen, hast du dieselbe Mühe, die dir gleich anfangs viel mehr genutzt hätte. Der geistige Mut übertrifft die körperliche Kraft: er sei ein Schwert, das stets in der Scheide der Klugheit ruht, für die Gelegenheit bereit. Er ist der Schirm der Person: die geistige Schwäche setzt mehr herab als die körperliche. Viele hatten außerordentliche Fähigkeiten, aber weil es ihnen an Herz fehlte, lebten sie wie Tote und endigten begraben in ihrer Untätigkeit.

Nicht ohne Absicht hat die sorgsame Natur, in der Biene, die Süße des Honigs mit der Schärfe des Stachels verbunden. Sehnen und Knochen hat der Leib; so sei der Geist auch nicht lauter Sanftmut.

55. Warten können

Es beweist ein großes Herz mit Reichtum an Geduld, wenn man nie in eiliger Hitze, nie leidenschaftlich ist. Erst sei man Herr über sich: so wird man es nachher über andere sein. Nur durch die weiten Räume der Zeit gelangt man zum Mittelpunkt der Gelegenheit. Weise Zurückhaltung bringt die richtigen, lange geheim zu haltenden Beschlüsse zur Reife. Die Krücke der Zeit richtet mehr aus als die eiserne Keule des Hercules. Gott selbst züchtigt nicht mit dem Knittel, sondern mit der Zeit. Es war ein großes Wort: »Die Zeit und ich nehmen es mit zwei andern auf.«[3] Das Glück selbst krönt das Warten durch die Größe des Lohns.

56. Geistesgegenwart haben

Sie entspringt aus einer glücklichen Schnelligkeit des Geistes. Für sie gibt es keine Gefahren noch Unfälle, kraft ihrer Lebendigkeit und Aufgewecktheit. Manche denken viel nach, um nachher alles zu verfehlen: Andre treffen alles, ohne es vorher überlegt zu haben. Es gibt antiparastatische Genies, die erst in der Klemme am besten wirken: sie sind eine Art Ungeheuer, denen aus dem Stegreif alles, mit Überlegung Nichts gelingt: was ihnen nicht gleich einfällt, finden sie nie: in ihrem Kopf ist kein Appellationshof. Die Raschen also erlangen Beifall, weil sie den Beweis einer gewaltigen Fähigkeit, Feinheit im Denken und Klugheit im Tun ablegen.

57. Sicherer sind die Überlegten

Schnell genug geschieht was gut geschieht. Was sich auf der Stelle macht, kann auch auf der Stelle wieder zunichtewerden: aber was eine Ewigkeit dauern soll, braucht auch eine, um zustande zu kommen. Nur die Vollkommenheit gilt, und nur das Gelungene hat Dauer. Verstand und Gründlichkeit schaffen unsterbliche Werke. Was viel wert ist, kostet viel. Ist doch das edelste Metall das schwerste.

---

[3] *»Die Zeit und ich nehmen es mit zwei andern auf«*, soll Philipp der Zweite gesagt haben

58. Sich anzupassen verstehen

Nicht allen soll man auf gleiche Weise seinen Verstand zeigen, und nie mehr Kraft verwenden, als grade nötig ist. Nichts werde verschleudert, weder vom Wissen, noch vom Tun. Der gescheite Falkenier lässt nicht mehr Vögel steigen, als die Jagd erfordert. Man lege nicht immer alles zur Schau: sonst wird es morgen keiner mehr bewundern. Immer habe man etwas Neues, damit zu glänzen: denn wer jeden Tag mehr aufdeckt, unterhält die Erwartung, und nie werden Grenzen seiner großen Fähigkeiten aufgefunden.

59. Das Ende bedenken

Wenn man in das Haus des Glücks durch die Pforte des Jubels eintritt; so wird man durch die des Wehklagens wieder heraustreten; und umgekehrt. Daher soll man auf das Ende bedacht sein, und seine Sorgfalt mehr auf ein glückliches Abgehn, als auf den Beifall beim Auftreten richten. Es ist das gewöhnliche Los der Unglückskinder, einen gar fröhlichen Anfang, aber ein sehr tragisches Ende zu erleben. Das so gemeine Beifallsklatschen beim Auftreten ist nicht die Hauptsache, allen wird es zuteil; sondern das allgemeine Gefühl, das sich bei unserm Abtreten äußert. Denn die Zurückgewünschten sind selten, Wenige geleitet das Glück bis an die Schwelle: so höflich es gegen die Ankommenden zu sein pflegt, so schnöde gegen die Abgehenden.

60. Gesundes Urteil

Einige werden klug geboren: mit diesem Vorteil der angeborenen großen Obhut ihrer selbst treten sie an die Studien, und so ist ihnen die Hälfte des Weges zum Gelingen vorausgegeben: wenn nun Alter und Erfahrung ihre Vernunft völlig zur Reife gebracht haben; so gelangen sie zu einem vollgültigen und richtigen Urteil. Sie verabscheuen eigensinnige Grillen jeder Art, als Verführerinnen der Klugheit, zumal in Staatsangelegenheiten, welche, wegen ihrer hohen Wichtigkeit, vollkommne Sicherheit erfordern. Solche Leute verdienen am Staatsruder zu stehn, sei es zur Lenkung oder zum Rat.

61. Das Höchste, in der höchsten Gattung:

... ein gar einziger Vorzug, bei der Menge und Verschiedenheit der Vollkommenheiten. Es kann keinen großen Mann geben, der nicht in irgendetwas alle andern überträfe. Mittelmäßigkeiten sind kein Gegenstand der Bewunderung. Die höchste Trefflichkeit in einem hervorstechenden Beruf kann allein uns aus der Menge der Gewöhnlichen herausheben und unter die Zahl der Seltenen versetzen. Ausgezeichnet sein in einem geringen Beruf, heißt Etwas sein, in dem, was wenig ist: was es am Angenehmen voraushaben mag, büßt es am Rühmlichen ein. Das Höchste leisten, und in der vorzüglichsten Gattung, drückt uns gleichsam einen Souveränitätscharakter auf, gebietet Bewunderung und gewinnt die Herzen.

62. Sich guter Werkzeuge bedienen

Einige wollen, dass die Nichtswürdigkeit ihrer Werkzeuge ihren eigenen Scharfsinn zu verherrlichen diene: eine gefährliche Genugtuung, welche vom Schicksal eine Züchtigung verdient. Nie hat die Trefflichkeit des Ministers die Größe seines Herrn verringert: vielmehr fällt der Ruhm des Gelungenen stets auf die Hauptursache zurück, wie auch, beim Gegenteil, der Tadel. Die Fama hält sich immer an die Hauptpersonen: sie sagt nie: der hatte gute, dieser schlechte Diener; – sondern: der war ein guter, dieser ein schlechter Künstler. Also wähle man sie, prüfe man sie: denn einen unvergänglichen Ruhm hat man in ihre Hände zu legen.

63. Es ist ein großer Ruhm, der erste in der Art zu sein,

... und doppelt, wenn Vortrefflichkeit dazu kommt. Großen Vorteil hat der Bankier, der mit den Karten in der Hand spielt: er gewinnt, wenn die Partie gleich ist. Mancher wäre ein Phönix in seinem Beruf gewesen; hätte er keine Vorgänger gehabt. Die Ersten jeder Art gehn mit dem Majorat des Ruhms davon: den Übrigen bleiben eingeklagte Alimente: was sie auch immer tun mögen, so können sie den gemeinen Flecken, Nachahmer zu sein, nicht abwaschen. Nur der Scharfsinn außerordentlicher Geister bricht neue Bahnen zur Auszeichnung, und zwar so, dass für die dabei zu laufende Gefahr die Klugheit gutsagt. Durch die Neuheit ihres Unternehmens haben Weise einen Platz in der Matrikel der großen Männer erworben. Manche mögen lieber die Ersten in der zweiten Klasse als die Zweiten in der ersten sein.

64. Übel vermeiden

... und sich Verdrießlichkeiten ersparen, ist eine belohnende Klugheit. Vielen weiß die Vorsicht aus dem Wege zu gehen: sie ist die Lucina des Glücks und dadurch der Zufriedenheit. Schlimme Nachrichten soll man nicht überbringen, noch weniger empfangen: den Eingang soll man ihnen untersagen, wenn es nicht der der Hilfe ist. Einige haben nur für die Süßigkeit der Schmeicheleien Ohren; andere nur für die Bitterkeit der übeln Nachrede: und Manche können nicht ohne einen täglichen Ärger leben, wie Mithridates[4] nicht ohne Gift. Ebenfalls ist es keine Regel der Selbsterhaltung, dass man sich eine Betrübnis zeitlebens bereite, um einem andern, und stände er uns noch so nahe, ein Mal einen Gefallen zu tun. Nie soll man gegen seine eigene Wohlfahrt sündigen, um dem zu gefallen, der seinen Rat erteilt und aus dem Handel herausbleibt. Und bei jeder Begebenheit, wo dem andern eine Freude, sich selber einen Schmerz bereiten hieße, ist die passende Regel, es sei besser, dass er jetzt betrübt werde, als du nachher und ohne Nachhilfe.

65. Erhabener Geschmack

Er ist der Bildung fähig, wie der Verstand. Je mehr Einsicht, desto größere Anforderungen, und, werden sie erfüllt, desto mehr Genuss. Einen hohen Geist erkennt man an der Erhabenheit seiner Neigung: ein großer Gegenstand muss es sein, der eine große Fähigkeit befriedigt. Wie große Bissen für einen großen Mund, sind erhabene Dinge für erhabene Geister. Die trefflichsten Gegenstände scheuen ihr Urteil und die sichersten Vollkommenheiten verlässt das Zutrauen. Der Dinge erster Trefflichkeit sind wenige; daher sei die unbedingte Hochschätzung selten. Durch fortgesetzten Umgang teilt sich der Geschmack allmählich mit, weshalb es ein besonderes Glück ist, mit Leuten von richtigem Geschmack umzugehen. Andrerseits soll man nicht ein Gewerbe daraus machen, mit allem unzufrieden zu sein, welches ein höchst albernes Extrem ist, und noch abscheulicher, wenn es aus Affektation, als wenn es aus Verstimmung entspringt. Einige möchten, dass Gott eine andre Welt, mit ganz andern Vollkommenheiten schüfe, um ihrer ausschweifenden Fantasie Genüge zu tun.

66. Den glücklichen Ausgang im Auge behalten

Manche setzen sich mehr die strenge Richtigkeit der Maßregeln zum Ziel, als das glückliche Erreichen des Zwecks: allein stets wird, in der öffentlichen Meinung, die Schmach des Misslingens die Anerkennung ihrer sorgfältigen Mühe überwiegen. Wer gesiegt hat, braucht keine Rechen-

---

[4] *Mithridates VI.*, (ca. 132 v. Chr. – 63 v. Chr.); König von Pontos,
    schuf ein Reich, das zeitweise dem Römischen Imperium gleichkam

schaft abzulegen. Die genaue Beschaffenheit der Umstände können die meisten nicht sehen, sondern bloß den guten oder schlechten Erfolg: daher wird man nie in der Meinung verlieren, wenn man seinen Zweck erreicht. Ein gutes Ende übergoldet alles, wie sehr auch immer das Unpassende der Mittel dagegensprechen mag. Denn zu Zeiten besteht die Kunst darin, dass man gegen die Regeln der Kunst verfährt, wenn ein glücklicher Ausgang anders nicht zu erreichen steht.

67. Beifällige Ämter vorziehen

Die meisten Dinge hängen von fremder Gunst ab. Die Wertschätzung ist für die Talente, was der West[5] für die Blumen: Atem und Leben. Es gibt Ämter und Beschäftigungen, die dem allgemeinen Beifallsruf offenstehen, und andre, die zwar wichtiger sind, jedoch sich keines Ansehns erfreuen. Jene erlangen die allgemeine Gunst, weil sie vor den Augen aller ausgeübt werden: diese, wenn sie gleich mehr vom Seltenen und Wertvollen an sich haben, bleiben in ihrer Zurückgezogenheit unbeachtet, zwar geehrt, aber ohne Beifall. Unter den Fürsten sind die siegreichen die berühmten: deshalb standen die Könige von Aragon in so hohen Ehren, als Krieger, Eroberer, große Männer. Der begabte Mann ziehe die gepriesenen Ämter vor, die allen sichtbar sind und deren Einfluss sich auf alle erstreckt: dann wird die allgemeine Stimme ihm unvergänglichen Ruhm verleihen.

68. Es ist von höherem Wert, Verstand als Gedächtnis zu leihen:

... um so viel, als man bei diesem nur zu erinnern, bei jenem aufzufassen hat. Manche unterlassen Dinge, die grade an der Zeit wären, weil solche sich ihnen nicht darbieten: dann helfe eines Freundes Umsicht auf die Spur des Passenden. Eine der größten Geistesgaben ist die, dass Einem sich darbiete, was nottut: weil es daran fehlt, unterbleiben manche Dinge, die gelungen wären. Teile sein Licht mit, wer es hat, und bewerbe sich darum, wer dessen bedarf; jener mit Zurückhaltung, dieser mit Aufmerksamkeit. Man gebe nicht mehr, als ein Stichwort: diese Feinheit ist nötig, wenn der Nutzen des Erweckenden irgend mit im Spiel ist: man zeige seine Bereitwilligkeit und gehe weiter, wenn mehr verlangt wird: hat man nun das *Nein*; so suche man das *Ja* zu finden, mit Geschick: denn das Meiste wird nicht erlangt, weil es nicht unternommen wird.

---

[5] *West*: Im Sinne vom lieblichen, säuselnden Westwind

69. Sich nicht gemeiner Launenhaftigkeit hingeben

Der ist ein großer Mann, welcher nie von fremdartigen Eindrücken bestimmt wird. Beobachtung seiner selbst ist eine Schule der Weisheit. Man kenne seine gegenwärtige Stimmung und baue ihr vor: ja, man werfe sich aufs entgegengesetzte Extrem, um zwischen dem Natürlichen und Künstlichen den Punkt zu treffen, wo auf der Waage der Vernunft die Zunge einsteht. Der Anfang der Selbstbesserung ist die Selbsterkenntnis. Es gibt Ungeheuer von Verstimmtheit: immer sind sie bei irgendeiner Laune, und mit dieser wechseln sie die Neigungen: so immerwährend von einer niederträchtigen Verstimmung am Seile geschleppt, lassen sie sich auf grade entgegengesetzten Seiten ein. Und nicht bloß den Willen verdirbt dieser ausschweifende Hang; auch an den Verstand wagt er sich: Wollen und Erkennen wird durch ihn verschroben.

70. Abzuschlagen verstehn

Nicht allen und nicht alles darf man zugestehen. Jenes ist also ebenso wichtig, als dass man zu bewilligen wisse. Besonders ist den Mächtigen Aufmerksamkeit darauf dringend nötig: hier kommt viel auf die Art an. Das Nein des Einen wird höher geschätzt als das Ja mancher anderen: denn ein vergoldetes Nein befriedigt mehr, als ein trockenes Ja. Viele gibt es, die immer das Nein im Munde haben, wodurch sie den Leuten alles verleiden. Das Nein ist bei ihnen immer das Erste: und wenn sie auch nachher alles bewilligen, so schätzt man es nicht, weil es durch jenes schon verleidet ist. Man soll nichts gleich rund abschlagen, vielmehr lasse man die Bittsteller Zug vor Zug von ihrer Selbsttäuschung zurückkommen. Auch soll man nie etwas ganz und gar verweigern: denn das hieße jenen die Abhängigkeit aufkündigen: man lasse immer noch ein wenig Hoffnung übrig, die Bitterkeit der Weigerung zu versüßen. Endlich fülle man durch Höflichkeit die Lücke aus, welche die Gunst hierlässt, und setze schöne Worte an die Stelle der Werke. Ja und Nein sind schnell gesagt, erfordern aber langes Nachdenken.

71. Nicht ungleich sein

Nicht widersprechend in seinem Benehmen, weder von Natur noch aus Affektation. Ein verständiger Mann ist stets derselbe, in allen seinen Vollkommenheiten, und erhält sich dadurch den Ruf der Gescheitheit: Veränderungen können bei ihm nur aus äußeren Ursachen oder fremden

Verdiensten entstehn. In Sachen der Klugheit ist die Abwechslung eine Hässlichkeit. Es gibt Leute, die alle Tage andre sind: sogar ihr Verstand ist ungleich, noch mehr ihr Wille und bis auf ihr Glück. Was gestern das Weiße ihres Ja war, ist heute das Schwarze ihres Nein. So arbeiten sie beständig ihrem eigenen Kredit und Ansehn entgegen und verwirren die Begriffe der andern.

72. Ein Mann von Entschlossenheit

Nicht so verderblich ist die schlechte Ausführung, als die Unentschlossenheit. Flüssigkeiten verderben weniger solange sie fließen, als wenn sie stocken. Es gibt zum Entschluss ganz unfähige Leute, die stets des fremden Antriebes bedürfen: und bisweilen entspringt dies nicht sowohl aus Verworrenheit der Urteilskraft, die bei ihnen vielmehr sehr hell ist, als aus Mangel an Tatkraft. Schwierigkeiten auffinden, beweist Scharfsinn; jedoch noch größeren das Auffinden der Auswege aus ihnen. – Andre hingegen gibt es, die nichts in Verlegenheit setzt: von umfassendem Verstand und entschlossenem Charakter, sind sie für die höchsten Stellen geboren: denn ihr aufgeweckter Kopf befördert den Geschäftsgang und erleichtert das Gelingen. Sie sind gleich mit allem fertig: und haben sie *einer* Welt Rede gestanden; so bleibt ihnen noch Zeit für eine zweite übrig. Haben sie nur erst vom Glück Handgeld erhalten, so greifen sie mit größerer Sicherheit in die Geschäfte.

73. Vom Versehen Gebrauch zu machen wissen

Dadurch helfen kluge Leute sich aus Verwicklungen. Mit dem leichten Anstand einer witzigen Wendung kommen sie oft aus dem verworrensten Labyrinth. Aus dem schwierigsten Streit entschlüpfen sie artig und mit Lächeln. Der größte aller Feldherren setzte darin seinen Wert. Wo man etwas abzuschlagen hat, ist es eine höfliche List, das Gespräch auf andere Dinge zu lenken: und keine größre Feinheit gibt es, als nicht zu verstehn.

74. Nicht von Stein sein

In den bevölkertsten Orten hausen die rechten wilden Tiere. Die Unzugänglichkeit ist ein Fehler, der aus dem Verkennen seiner selbst entspringt: da verändert man mit dem Stand den Charakter; wiewohl es kein passender Weg zur allgemeinen Hochachtung ist, dass man damit anfängt, allen ärgerlich zu sein. Ein sehenswertes Schauspiel ist ein so unzugängliches Ungeheuer, stets von seiner trotzenden Inhumanität besessen: die Abhängigen, deren hartes Schicksal will, dass sie mit ihm zu reden haben, treten ein, wie zum Kampf mit einem Tiger, gerüstet mit Behutsamkeit und voll Furcht. Solche Leute wussten, um zu ihren Stellungen zu gelangen, sich bei allen beliebt zu machen: und jetzt, da sie solche innehaben, suchen sie sich dadurch zu entschädigen, dass sie sich allen verhasst machen. Vermöge ihres Amtes sollen sie für viele dasein; sind aber, aus Trotz oder Stolz, für keinen da. Eine feine Züchtigung für sie ist, dass man sie stehenlasse, indem man ihnen den Umgang und mit diesem die Klugheit entzieht.

75. Sich ein heroisches Vorbild wählen:

... mehr zum Wetteifer, als zur Nachahmung. Es gibt Muster der Größe, lebendige Bücher der Ehre. Jeder stelle sich die Größten in seinem Beruf vor, nicht sowohl um ihnen nachzuahmen, als zur Anspornung. Alexander weinte nicht über den begrabenen Achilles, sondern über sich, dessen Ruhm noch nicht recht auf die Welt gekommen war. Nichts erweckt so sehr den Ehrgeiz im Herzen, als die Posaune des fremden Ruhms. Eben das, was den Neid zu Boden wirft, ermutigt ein edles Gemüt.

76. Nicht immer Scherz treiben

Der Verstand eines Mannes zeigt sich im Ernsthaften, welches daher mehr Ehre bringt, als das Witzige. Wer immer scherzt, ist nie der Mann für ernste Dinge. Man stellt ihn dem Lügner gleich, sofern man beiden nicht glaubt, indem man beim Einen Lügen, beim andern Possen besorgt. Nie weiß man, ob er bei Vernunft spricht, welches so viel ist, als hätte er keine. Nichts geziemt sich weniger, als das beständige Schäkern. Manche erwerben sich den Ruf, witzige Köpfe zu sein, auf Kosten des Kredits für gescheite Leute zu gelten. Sein Weilchen mag der Scherz haben, aber alle übrige Zeit gehöre dem Ernst.

77. Sich allen zu fügen wissen

Ein kluger Proteus: gelehrt mit dem Gelehrten, heilig mit dem Heiligen. Eine große Kunst, um alle zu gewinnen: denn die Übereinstimmung erwirbt Wohlwollen. Man beobachte die Gemüter und stimme sich nach dem eines Jeden. Man lasse sich vom Ernsten und vom Jovialen mit fortreißen, indem man eine politische Verwandlung mit sich vornimmt. Abhängigen Personen ist diese Kunst dringend nötig. Aber als eine große Feinheit erfordert sie viel Talent: weniger schwer wird sie dem Mann, dessen Kopf in Kenntnissen und dessen Geschmack in Neigungen vielseitig ist.

78. Kunst im Unternehmen

Die Dummheit fällt allemal mit der Tür ins Haus: denn alle Dummen sind verwegen. Dieselbe Einfalt, welche ihnen die Aufmerksamkeit Vorkehrungen zu treffen benimmt, macht sie nachher gefühllos gegen den Schimpf des Misslingens. Hingegen gehen die Klugen mit großer Vorsicht zu Werke. Ihre Kundschafter sind Aufpassen und Behutsamkeit: diese gehen forschend voran, damit man ohne Gefahr auftreten könne. Jede Verwegenheit ist von der Klugheit zum Untergang verurteilt; wenn auch bisweilen das Glück sie begnadigt. Mit Zurückhaltung muss man vorschreiten, wo tiefer Grund zu fürchten ist. Die Schlauheit gehe spürend voran, bis die Vorsicht allmählich Grund und Boden gewinnt. Heutzutage sind im menschlichen Umgang große Untiefen: man muss bei jedem Schritt das Senkblei gebrauchen.

78. Joviales Gemüt

Wenn mit Mäßigung, ist es eine Gabe, kein Fehler. Ein Gran Munterkeit würzt alles. Die größten Männer treiben auch bisweilen Possen, und es macht sie bei allen beliebt; jedoch verlieren sie dabei nie die Rücksichten der Klugheit, noch die Achtung vor dem Anstand aus den Augen. Andere wiederum helfen sich durch einen Scherz auf dem kürzesten Wege aus Verwicklungen: denn es gibt Dinge, die man als Scherz nehmen muss, und bisweilen sind es grade die, welche der andre am ernstlichsten gemeint hat. Man legt dadurch Friedfertigkeit an den Tag, die ein Magnet der Herzen ist.

80. Bedacht im Erkundigen

Man lebt hauptsächlich auf Erkundigung. Das Wenigste ist, was wir sehn: wir leben auf Treu und Glauben. Nun ist aber das Ohr die Nebentür der Wahrheit, die Hauptür der Lüge. Die Wahrheit wird meistens gesehn, nur ausnahmsweise gehört. Selten gelangt sie rein und unverfälscht zu uns, am wenigsten, wenn sie von Weitem kommt: da hat sie immer eine Beimischung von den Affekten, durch die sie ging. Die Leidenschaft färbt alles, was sie berührt, mit ihren Farben, bald günstig, bald ungünstig. Sie bezweckt immer irgendeinen Eindruck: daher leihe man nur mit großer Behutsamkeit sein Ohr dem Lober, mit noch größerer dem Tadler. In diesem Punkt ist unsre ganze Aufmerksamkeit vonnöten, damit wir die Absicht des Vermittelnden herausfinden und schon zum Voraus sehn, mit welchem Fuß er vortritt. Die schlaue Überlegung sei der Wardein[6] des Übertriebenen und des Falschen.

81. Seinen Glanz erneuern

Es ist das Vorrecht des Phönix. Die Trefflichkeiten werden alt, und mit ihnen der Ruhm: ein mittelmäßiges Neues sticht oft das Ausgezeichnetste, wenn es alt geworden ist, aus. Man bewirke also seine Wiedergeburt, in der Tapferkeit, im Genie, im Glück, in allem. Man trete mit neuen, glänzenden Sachen hervor und gehe, wie die Sonne, wiederholt auf. Auch wechsele man den Schauplatz seines Glanzes, damit hier das Entbehren Verlangen, dort die Neuheit Beifall erwecke.

82. Nichts bis auf die Hefen leeren,

... weder das Schlimme, noch das Gute. Ein Weiser[7] führte auf Mäßigung die ganze Weisheit zurück. Das größte Recht wird zum Unrecht; und drückt man die Apfelsine zu sehr, so gibt sie zuletzt das Bittre. Auch im Genuss gehe man nie aufs Äußerste. Sogar der Geist wird stumpf, wenn man ihn bis aufs Letzte anstrengt: und Blut statt Milch erhält, wer auf eine grausame Weise abzapft.

83. Sich verzeihliche Fehler erlauben:

... denn eine Nachlässigkeit ist zu Zeiten die größte Empfehlung der Talente. Der Neid übt einen niederträchtigen, frevelhaften Ostrakismos[8] aus. Dem ganz Vollkommnen wird er es zum Fehler anrechnen, dass es keine Fehler hat, und wird es als ganz vollkommen ganz verurteilen. Er wird zum Argus, um am Vortrefflichen Makel zu suchen, wenn auch nur zum Trost. Der Tadel trifft, wie der Blitz, grade die höchsten Leistungen. Daher schlafe Homer bisweilen, und man affektiere einige Nachlässigkeiten, sei es im Genie, sei es in der Tapferkeit, – jedoch nie in der Klugheit, – um das Misswollen zu besänftigen, dass es nicht berste vor Gift. Man werfe gleichsam dem Stier des Neides den Mantel zu, die Unsterblichkeit zu retten.

---

[6] *Wardein* (altdeutsch): Aufsichtsbeamter, Münzaufseher

[7] *Ein Weiser:* gemeint ist Aristoteles

[8] *Ostrakismos* (griech.: Tonscherbe): im alten Athen konnte die Verbannung eines Bürgers beschlossen werden, indem die entscheidenden Bürger den Namen des Verurteilten auf eine Tonscherbe schrieben (Scherbengericht).

84. Von den Feinden Nutzen ziehen

Man muss alle Sachen anzufassen verstehn, nicht bei der Schneide, wo sie verletzen, sondern beim Griff, wo sie beschützen; am meisten aber das Treiben der Widersacher. Dem Klugen nützen seine Feinde mehr, als dem Dummen seine Freunde. Das Misswollen ebnet oft Berge von Schwierigkeiten, mit welchen es aufzunehmen die Gunst sich nicht getraute. Vielen haben ihre Größe ihre Feinde auferbaut. Gefährlicher als der Hass ist die Schmeichelei, weil diese die Flecken verhehlt, die jener auszulöschen arbeitet. Der Kluge macht aus dem Groll einen Spiegel, welcher treuer ist als der der Zuneigung, und beugt dann der Nachrede seiner Fehler vor, oder bessert sie. Denn die Behutsamkeit wird groß, wenn Nebenbuhlerei und Misswollen die Grenznachbarn sind.

85. Nicht die Manille[9] sehn

Es ist ein Gebrechen alles Vortrefflichen, dass sein vieler Gebrauch zum Missbrauch wird. Grade das Streben aller danach führt zuletzt dahin, dass es allen zum Ekel wird. Zu nichts zu taugen, ist ein großes Unglück; ein noch größres aber zu allem taugen zu wollen: solche Leute verlieren durch zu vieles Gewinnen, und werden zuletzt allen so sehr zum Abscheu, als sie anfangs begehrt waren. Diese Manillen nutzen die Vollkommenheiten jeder Art an sich ab: und nachdem sie aufgehört haben als selten geschätzt zu werden, werden sie als gemein verachtet. Das einzige Mittel gegen ein solches Extrem ist, dass man im Glänzen ein Maß beobachte: das Übermäßige sei in der Vollkommenheit selbst; im Zeigen derselben aber sei Mäßigung. Je mehr eine Fackel leuchtet, desto mehr verzehrt sie sich und verkürzt ihre Dauer. Kargheit im Sichzeigen erhält erhöhte Wertschätzung zum Lohn.

86. Übler Nachrede vorbeugen

Der große Haufen hat viele Köpfe, und folglich viele Augen zur Missgunst und viele Zungen zur Verunglimpfung. Geschieht es, dass unter ihm irgendeine üble Nachrede in Umlauf kommt; so kann das größte Ansehn darunter leiden: wird solche gar zu einem gemeinen Spitznamen; so kann sie die Ehre untergraben. Den Anlass gibt meistens irgendein hervorste-

---

9 ›Manille‹ wird die höchste Trumpfkarte im gleichnamigen Kartenspiel genannt. Dieser Ausdruck stammt aus dem noch älteren L'Hombre-Spiel, ein Kartenspiel aus dem 17./18. Jahrhundert.

chender Übelstand, ein lächerlicher Fehler, wie denn dergleichen der passendste Stoff zum Geschwätz ist. Oft aber auch ist es die Tücke Einzelner, welche der allgemeinen Bosheit Verunglimpfungen zuführt. Denn es gibt Lästermäuler, und diese richten einen großen Ruf schneller durch ein Witzwort, als durch einen offen hingeworfenen, frechen Vorwurf zu Grunde. Man kommt gar leicht in schlechten Ruf, weil das Schlechte sehr glaublich ist; sich rein zu waschen, fällt aber schwer. Der kluge Mann vermeide also solche Unfälle und stelle der Unverschämtheit des gemeinen Haufens seine Wachsamkeit entgegen: denn leichter ist das Verhüten als die Abhilfe.

87. Bildung und Eleganz

Der Mensch wird als ein Barbar geboren und nur die Bildung befreit ihn von der Bestialität. Die Bildung macht den Mann, und um so mehr, je höher sie ist. Kraft derselben durfte Griechenland die ganze übrige Welt Barbaren heißen. Die Unwissenheit ist sehr roh: nichts bildet mehr als Wissen. Jedoch das Wissen selbst ist ungeschlacht, wenn es ohne Eleganz ist. Nicht allein unsre Kenntnisse müssen elegant sein, sondern auch unser Wollen und zumal unser Reden. Es gibt Leute von natürlicher Eleganz, von innerer und äußerer Zierlichkeit, im Denken, im Reden, im Putz des Leibes, welcher der Rinde zu vergleichen ist, wie die Talente des Geistes der Frucht. Andre dagegen sind so ungehobelt, dass alles was ihr ist, ja zuweilen ausgezeichnete Trefflichkeiten, eine unerträgliche, barbarische Ungeschlachtheit verunstaltet.

88. Das Betragen sei großartig, Erhabenheit anstrebend

Der große Mann darf nicht kleinlich in seinem Verfahren sein. Nie muss man in den Angelegenheiten zu sehr ins Einzelne gehn, am wenigsten wenn sie verdrießlicher Art sind: denn obschon es ein Vorteil ist, alles gelegentlich zu bemerken, so ist es doch keiner, alles absichtlich untersuchen zu wollen. Gewöhnlich gehe man mit einer edlen Allgemeinheit zu Werke, die zum vornehmen Anstand gehört. Bei der Lenkung andrer ist eine Hauptsache das Nicht-Sehen-Wollen. Die meisten Dinge muss man unbeachtet hingehn lassen, zwischen Verwandten, Freunden und zumal zwischen Feinden. Alles Übermaß ist widerlich, und am meisten bei verdrießlichen Dingen. Das abermals und immer wieder auf einen Verdruss Zurückkommen ist eine Art Verrücktheit. Das Betragen eines Jeden wird gemeiniglich ausfallen, nachdem sein Herz und sein Verstand ist.

89. Kenntnis seiner selbst,

... an Sinnesart, an Geist, an Urteil, an Neigungen. Keiner kann Herr über sich sein, wenn er sich nicht zuvor begriffen hat. Spiegel gibt es für das Antlitz, aber keine für die Seele: daher sei ein solcher das verständige Nachdenken über sich: allenfalls vergesse man sein äußeres Bild, aber erhalte sich das innere gegenwärtig, um es zu verbessern, zu vervollkommnen: man lerne die Kräfte seines Verstandes und seine Feinheit zu Unternehmungen kennen: man untersuche seine Tapferkeit, zum Einlassen in Händel: man ergründe seine ganze Tiefe und wäge seine sämtlichen Fähigkeiten, zu allem.

90. Kunst lange zu leben

Gut leben. Zwei Dinge werden schnell mit dem Leben fertig: Dummheit und Liederlichkeit. Die Einen verlieren es, weil sie es zu bewahren nicht den Verstand, die anderen, weil sie nicht den Willen haben. Wie Tugend ihr eigner Lohn, ist Laster seine eigne Strafe. Wer eifrig dem Laster lebt, endigt bald, im zweifachen Sinn: wer eifrig der Tugend lebt, stirbt nie. Die Untadelhaftigkeit der Seele teilt sich dem Leibe mit: und ein gutgeführtes Leben wird nicht nur intensiv, sondern selbst extensiv ein langes sein. –

91. Nie bei Skrupeln über Unvorsichtigkeit zu Werke schreiten

Die bloße Besorgnis des Misslingens im Handelnden ist schon völlige Gewissheit im Zuschauer, zumal wenn er ein Nebenbuhler ist. Wenn schon in der ersten Hitze des Unternehmens die Urteilskraft Skrupel hegte; so wird sie nachher, im leidenschaftslosen Zustand, das Verdammmgsurteil offenbarer Torheit aussprechen. Handlungen, an deren Vorsichtigkeit wir zweifeln, sind gefährlich, und sichrer wäre das Unterlassen. Die Klugheit lässt sich nicht auf Wahrscheinlichkeiten ein: sie wandelt stets am hellen Mittagslicht der Vernunft. Wie soll ein Unternehmen gut ablaufen, dessen Entwurf schon die Besorgnis verurteilt? Und wenn die durchdachtesten, vom *Nemine discrepante* unsers Innern bestätigten Beschlüsse oft einen unglücklichen Ausgang nehmen; was haben solche zu erwarten, die bei schwankender Vernunft und Schlimmes augurierender Urteilskraft gefasst wurden?

92. Überschwänglicher Verstand

Ich meine, in *Allem*. Die erste und höchste Regel zum Handeln und zum Reden, notwendiger je höher unsre Stellung ist, heißt: ein Gran Klugheit ist besser als Zentner Spitzfindigkeiten. Dabei wandelt man sicher, wenn auch nicht mit so lautem Beifall; obwohl der Ruf der Klugheit der Triumph des Ruhmes ist. Es sei hinlänglich, den Gescheiten genügt zu haben, deren Urteil der Probierstein gelungener Taten ist.

93. Universalität

Ein Mann, der alle Vollkommenheiten vereint, gilt für viele. Indem er den Genuss derselben seinem Umgang mitteilt, verschönert er das Leben. Abwechslung mit Vollkommenheit gewährt die beste Unterhaltung. Es ist eine große Kunst, sich alles Gute aneignen zu können. Und da die Natur aus dem Menschen, indem sie ihn so hochstellte, einen Inbegriff ihrer ganzen Schöpfung gemacht hat; so mache ihn nun auch die Kunst zu einer kleinen Welt, durch Übung und Bildung des Verstandes und des Geschmacks.

94. Unergründlichkeit der Fähigkeiten

Der Kluge verhüte, dass man sein Wissen und sein Können bis auf den Grund ermesse, wenn er von *Allen* verehrt sein will. Er lasse zu, dass man ihn kenne, aber nicht, dass man ihn ergründe. Keiner muss die Grenzen seiner Fähigkeiten auffinden können; wegen der augenscheinlichen Gefahr einer Enttäuschung. Nie gebe er Gelegenheit, dass *Einer* ihm ganz auf den Grund komme. Denn größre Verehrung erregt die Mutmaßung und der Zweifel über die Ausdehnung der Talente eines jeden, als die genaue Kundschaft davon, so groß sie auch immer sein mögen.

95. Die Erwartung rege erhalten

Man muss sie stets zu kirren wissen: das Viele verspreche noch mehr, die glänzendste Tat kündige noch glänzendere an. Man muss nicht seinen ganzen Rest an den ersten Wurf setzen. Ein großer Kunstgriff ist, dass man sich zu mäßigen wisse, im Anwenden seiner Kräfte und seines Wissens, sodass man immer mehr und mehr die Erwartungen befriedigen könne.

96. Die große Obhut seiner selbst

Sie ist der Thron der Vernunft, die Grundlage der Vorsicht und durch sie gelingt alles leicht. Sie ist eine Gabe des Himmels, und als die erste und größte, die wünschenswerteste. Sie ist das Hauptstück der Rüstung und von so großer Wichtigkeit, dass die Abwesenheit keines andern den Mann unvollständig macht, sondern nur als ein Mehr oder Minder bemerkt wird. Alle Handlungen des Lebens hängen von ihrem Einfluss ab, und sie ist zu allen erfordert: denn *Alles* muss mit Verstand geschehn. Sie besteht in einem natürlichen Hang zu *Allem*, was der Vernunft am angemessensten ist, wodurch man bei allen Fällen das Richtigste ergreift.

97. Ruf erlangen und behaupten:

... es ist die Benutzung der Fama. Der Ruf ist schwer zu erlangen: denn er entsteht nur aus ausgezeichneten Eigenschaften: und diese sind so selten, als die mittelmäßigen häufig. Einmal erlangt aber, erhält er sich leicht. Er legt Verbindlichkeiten auf; aber er wirkt noch mehr. Geht er, wegen der Erhabenheit seiner Ursache und seiner Sphäre, bis zur Verehrung; so verleiht er uns eine Art Majestät. Jedoch ist nur der wirklich gegründete Ruf von unvergänglicher Dauer.

98. Sein Wollen nur in Ziffernschrift

Die Leidenschaften sind die Pforten der Seele. Das praktischste Wissen besteht in der Verstellungskunst. Wer mit offenen Karten spielt, läuft Gefahr zu verlieren. Die Zurückhaltung des Vorsichtigen kämpfe gegen das Aufpassen des Forschenden: gegen Luchse an Spürgeist, Tintenfische[10] an Versteckheit. Selbst unsern Geschmack darf keiner kennen: damit man ihm nicht begegne, entweder durch Widerspruch oder durch Schmeichelei.

99. Wirklichkeit und Schein

Die Dinge gelten nicht für das, was sie sind; sondern für das, was sie scheinen. Selten sind die, welche ins Innere schauen, und viele die, welche sich an den Schein halten. Recht zu haben, reicht nicht aus; wenn mit dem Schein der Arglist.

---

[10] Bekanntlich lässt die Sepia oder der Tintenfisch, wenn verfolgt, ihren braunen Farbstoff von sich, um das Wasser zu verdunkeln.

100. Ein vorurteilsfreier Mann,

… ein weiser Christ, ein philosophischer Hofmann – sein, aber nicht scheinen, geschweige affektieren. Die Philosophie ist außer Ansehn gekommen: und doch war sie die höchste Beschäftigung der Weisen. Die Wissenschaft der Denker hat alle Achtung verloren. Seneca führte sie in Rom ein; eine Zeit lang fand sie Gunst bei Hofe: jetzt gilt sie für eine Ungebührlichkeit. Und doch war stets die Aufdeckung des Trugs die Nahrung des denkenden Geistes, die Freude der Rechtschaffenen.

101. Die eine Hälfte der Welt lacht über die andre,

… und Narren sind *Alle*. Jedes ist gut und jedes ist schlecht; wie es die Stimmen wollen. Was dieser wünscht, hasst jener. Ein unerträglicher Narr ist, wer alles nach seinen Begriffen ordnen will. Nicht von einem Beifall allein hängen die Vollkommenheiten ab. So viele Sinne als Köpfe, und so verschieden. Es gibt keinen Fehler, der nicht seinen Liebhaber fände: auch dürfen wir nicht den Mut verlieren, wenn unsre Sachen einigen nicht gefallen: denn andre werden nicht ausbleiben, die sie zu schätzen wissen: aber auch über den Beifall dieser darf man nicht eitel werden; denn wieder andre werden sie verwerfen. Die Richtschnur der wahren Zufriedenheit ist der Beifall berühmter Männer und die in dieser Gattung eine Stimme haben. Man lebt nicht von *einer* Stimme, noch von *einer* Mode, noch von *einem* Jahrhundert.

102. Für große Bissen des Glücks einen Magen haben

Am Leibe der Gescheitheit ist ein nicht unwichtiger Teil ein großer Magen: denn das Große besteht aus großen Teilen. Große Glücksfälle setzen den nicht in Verlegenheit, der noch größerer würdig ist. Was manchem schon Überfüllung, ist dem andern noch Hunger. Vielen gibt ein ansehnliches Gericht gleich Unverdaulichkeit, wegen der Kleinheit ihrer Natur, die zu hohen Ämtern weder geboren, noch erzogen ist: ihr Benehmen zeigt danach gleich eine gewisse Säure, die von der unverdienten Ehre aufsteigenden Dämpfe machen ihnen den Kopf schwindlig, wodurch sie an hohen Orten große Gefahr laufen, und sie möchten platzen, weil ihr Glück in ihnen keinen Raum findet. Dagegen zeige der große Mann, dass er noch viel Gelass für größere Dinge hat und mit besondrer Sorgfalt meide er alles, was Anzeichen eines kleinen Herzens geben könnte.

103. Jeder sei, in seiner Art, majestätisch

Wenn er auch kein König ist, müssen doch alle seine Handlungen, nach seiner Sphäre, eines Königs würdig sein und sein Tun, in den Grenzen seines Standes und Berufs, königlich. Erhaben seien seine Handlungen, von hohem Flug seine Gedanken und in allem seinem Treiben stelle er einen König an Verdienst, wenn auch nicht an Macht dar: denn das wahrhaft Königliche besteht in der Untadelhaftigkeit der Sitten: und so wird der die Größe nicht beneiden dürfen, der ihr zum Vorbild dienen könnte. Besonders aber sollte denen, welche dem Throne näher stehn, etwas von der wahren Überlegenheit ankleben und sie sollten lieber die wahrhaft Königlichen Eigenschaften als ein eitles Zeremoniell sich anzueignen suchen, nicht eine leere Aufgeblasenheit affektieren, sondern das wesentlich Erhabene annehmen.

104. Den Ämtern den Puls gefühlt haben

Ihre mannigfaltige Verschiedenheit zu kennen, ist eine meisterliche Kunde, die Aufmerksamkeit verlangt. Einige erfordern Mut, andere scharfen Verstand. Leichter zu verwalten sind die, wobei es auf Rechtschaffenheit, und schwerer die, wobei es auf Geschicklichkeit ankommt. Zu jenen gehört nichts weiter als ein rechtlicher Charakter: für diese hingegen reicht alle Aufmerksamkeit und Eifer nicht aus. Es ist eine mühsame Beschäftigung, Menschen zu regieren, und vollends Narren oder Dummköpfe. Doppelten Verstand hat man nötig bei denen, die keinen haben. Unerträglich aber sind die Ämter, welche den ganzen Menschen in Anspruch nehmen, zu gezählten Stunden und bei bestimmter Materie: besser sind die, welche keinen Überdruss verursachen, indem sie den Ernst mit Mannigfaltigkeit versetzen; denn die Abwechslung muntert auf. Des größten Ansehns genießen die, wobei die Abhängigkeit geringer, oder doch entfernter ist. Die schlimmsten aber sind die, wegen derer man in dieser und noch mehr in jener Welt schwitzen muss.

105. Nicht lästig sein

Der Mann von *einem* Geschäft und *einer* Rede pflegt sehr beschwerlich zu fallen. Die Kürze ist einnehmend und dem Geschäftsgang gemäßer. Sie ersetzt an Höflichkeit, was ihr an Ausdehnung abgeht. Das Gute, wenn kurz, ist doppelt gut; und selbst das Schlimme, wenn wenig, ist nicht so schlimm. Quintessenzen sind wirksamer als ein ganzer Wust. Auch ist es eine bekannte Wahrheit, dass weitläufige Leute selten von vielem Verstand sind; welches sich nicht sowohl im Materiellen der Anordnung, als im Formellen des Denkens zeigt. Es gibt Leute, welche mehr zum Hindernis als zur Zierde der Welt da sind, unnütze Möbeln, die jeder aus dem Weg rückt. Der Kluge hüte sich lästig zu sehn, und zumal den Großen, da diese ein sehr beschäftigtes Leben führen, und es schlimmer wäre, einen von ihnen verdrießlich zu machen, als die ganze übrige Welt. Das gut Gesagte ist bald gesagt.

106. Nicht mit seinem Glück prahlen

Es ist beleidigender, mit Stand und Würde zu prunken, als mit persönlichen Eigenschaften. Das Sich-breit-machen ist verhasst; man sollte am Neid genug haben. Hochachtung erlangt man desto weniger, je mehr man darauf ausgeht: denn sie hängt von der Meinung andrer ab, weshalb man sie sich nicht nehmen kann, sondern sie von den andern verdienen und abwarten muss. Hohe Ämter erfordern ein ihrer Ausübung angemessenes Ansehn, ohne welches sie nicht würdig verwaltet werden können: daher erhalte man ihnen die Ehre, die nötig ist, um seiner Pflicht nachkommen zu können: man dringe nicht auf Ehrerbietung, wohl aber befördere man sie. Wer mit seinem Amte viel Aufhebens macht, verrät, dass er es nicht verdient hat und die Würde für seine Schultern zu viel ist. Wenn man ja sich geltend machen will, so sei es eher durch das Ausgezeichnete seiner Talente, als durch zufällige Äußerlichkeiten. Selbst einen König soll man mehr wegen seiner persönlichen Eigenschaften ehren als wegen seiner äußerlichen Herrschaft.

107. Keine Selbstzufriedenheit zeigen

Man sei weder unzufrieden mit sich selbst, denn das wäre Kleinmut, – noch selbstzufrieden, denn das wäre Dummheit. Die Selbstzufriedenheit entsteht meistens aus Unwissenheit und wird zu einer Glückseligkeit des Unverstandes, die zwar nicht ohne Annehmlichkeit sein mag, jedoch unserm Ruf und Ansehn nicht förderlich ist. Weil man die unendlich höhern Vollkommenheiten andrer nicht einzusehen im Stande ist, wird man durch irgendein gemeines und mittelmäßiges Talent in sich höchlich befriedigt. Misstrauen ist stets klug und überdies auch nützlich, entweder um dem üblen Ausgang der Sachen vorzubeugen, oder um sich, wenn er da ist, zu trösten; da ein Unglück den nicht überrascht, der es schon fürchtete. Auch Homer schläft zu Zeiten, und Alexander fiel von seiner

Höhe und aus seiner Täuschung. Die Dinge hängen von gar vielerlei Umständen ab, und was an *einer* Stelle und bei *einer* Gelegenheit einen Triumph feierte, wurde bei einer andern zu Schande. Inzwischen besteht die unheilbare Dummheit darin, dass die leerste Selbstzufriedenheit zu voller Blüte aufgegangen ist und mit ihrem Samen immer weiter wuchert.

108. Sich gut zu gesellen verstehn, ist der kürzeste Weg ein ganzer Mann zu werden

Der Umgang ist von eingreifender Wirkung: Sitten und Geschmack teilen sich mit; die Sinnesart, ja sogar den Geist nimmt man an, ohne es zu merken. Deswegen suche der Rasche sich dem Überlegten beizugesellen, und ebenso in den übrigen Sinnesarten, woraus, ohne Gewaltsamkeit, eine gemäßigte Stimmung hervorgehen wird. Es ist sehr geschickt, sich nach dem anderen stimmen zu können. Das Wechselspiel der Gegensätze verschönert, ja erhält die Welt, und was in der physischen Harmonie herbeiführt, wird es noch mehr in der moralischen. Man beobachte diese kluge Rücksicht bei der Wahl seiner Freunde und Diener: denn durch die Verbindung der Gegensätze wird man einen sehr gescheiten Mittelweg treffen.

109. Kein Ankläger sein

Es gibt Menschen von finsterer Gemütsart, die *Alles* zum Verbrechen stempeln, nicht von Leidenschaft, sondern von einem natürlichen Hang getrieben. Sie sprechen über alle ihr Verdammungsurteil aus, über jene, für das, was sie getan haben, über diese, für das, was sie tun werden. Es zeugt von einem grausamen, ja niederträchtigen Sinn: und sie klagen mit einer solchen Übertreibung an, dass sie aus Splittern Balken machen, die Augen damit auszustoßen. Überall sind sie Zuchtmeister, die ein Elysium in eine Galeere umwandeln möchten. Kommt gar noch Leidenschaft hinzu; so treiben sie *Alles* aufs Äußerste. Im Gegenteil weiß ein edles Gemüt für *Alles* eine Entschuldigung zu finden, und wenn nicht ausdrücklich, durch Nichtbeachtung.

110. Nicht abwarten, dass man eine untergehende Sonne sei

Es ist eine Regel der Klugen, die Dinge zu verlassen, ehe sie uns verlassen. Man wisse, aus seinem Ende selbst sich einen Triumph zu bereiten. Sogar die Sonne zieht sich oft, noch bei hellem Schein, hinter eine Wolke zurück, damit man sie nicht versinken sehe und ungewiss bleibe, ob sie untergegangen sei, oder nicht. Man entziehe sich zeitig den Unfällen, um nicht vor Beschämung vergehn zu müssen. Lasst uns nicht abwarten, dass die Welt uns den Rücken kehre und uns, noch im Gefühl lebendig, aber in der Hochachtung gestorben, zu Grabe trage. Der Kluge versetzt seinen Wettrenner bei Zeiten in den Ruhestand und wartet nicht ab, dass er, mitten auf der Rennbahn niederstürzend, Gelächter errege. Eine Schöne zerbreche schlau bei Zeiten ihren Spiegel, um es nicht später aus Ungeduld zu tun, wenn er sie aus ihrer Täuschung gerissen hat.

111. Freunde haben

Es ist ein zweites Dasein. Jeder Freund ist gut und weise für den Freund, und unter ihnen geht alles gut ab. Ein jeder gilt so viel, als die andern wollen; damit sie aber wollen, muss man ihr Herz und dadurch ihre Zunge gewinnen. Kein Zauber ist mächtiger, als erzeigte Gefälligkeit, und um Freunde zu erwerben, ist das beste Mittel, sich welche zu machen. Das Meiste und Beste, was wir haben, hängt von andern ab. Wir müssen entweder unter Freunden, oder unter Feinden leben. Jeden Tag suche man einen zu erwerben, nicht gleich zum genauen, aber doch zum wohlwollenden Freund: einige werden nachher, nachdem sie eine prüfende Wahl bestanden haben, als Vertraute zurückbleiben.

112. Sich Liebe und Wohlwollen erwerben,

... denn sogar die erste und oberste Ursache lässt solche in ihre hohen Absichten eingehen und ordnet sie an. Mittelst des Wohlwollens erlangt man die günstige Meinung. Einige verlassen sich so sehr auf ihren Wert, dass sie die Erwerbung der Gunst verschmähen. Allein der Erfahrene weiß, dass der Weg der Verdienste allein, ohne Hilfe der Gunst, ein gar sehr langer ist. Alles erleichtert und ergänzt das Wohlwollen: nicht immer setzt es die guten Eigenschaften, wie Mut, Redlichkeit, Gelehrsamkeit, sogar Klugheit, voraus; nein, es nimmt sie ohne Weiteres als vorhanden an: hingegen die garstigen Fehler sieht es nie, weil es sie nicht sehn will. Es entsteht aus der Übereinstimmung, und zwar gewöhnlich aus der materiellen, dergleichen die der Sinnesart, der Nation, der Verwandtschaft, des Vaterlandes und des Amtes ist: die formelle ist höherer Art, sie ist die der Talente, der Verbindlichkeiten, des Ruhms, der Verdienste. Die ganze Schwierigkeit besteht im Erwerben des Wohlwollens; es zu erhalten ist leicht. Es lässt sich aber erlangen, und man wisse es zu nutzen.

113. Im Glück aufs Unglück bedacht sein

Es ist eine gute Vorsorge, für den Winter im Sommer und mit mehr Bequemlichkeit den Vorrat zu sammeln. Zur Zeit des Glücks ist die Gunst wohlfeil und Überfluss an Freundschaften. Es ist gut, sie zu bewahren für die Zeit des Missgeschicks, als welche eine sehr treuere und von allem entblößte ist. Man erhalte sich daher einen Vorrat von Freunden und Verpflichteten: denn einst wird man hochschätzen, was man jetzt nicht achtet. Gemeine Seelen haben im Glück keine Freunde: und weil sie jetzt solche nicht kennen, werden diese dereinst im Unglück sie nicht kennen.

114. Nie ein Mitbewerber sein

Jeder Anspruch, dem andre sich entgegenstellen, schadet dem Ansehn: die Mitbewerber streben sogleich uns zu verunglimpfen, um uns zu verdunkeln. Wenige Menschen führen auf eine redliche Art Krieg. Die Nebenbuhler decken die Fehler auf, welche die Nachsicht vergessen hatte. Viele standen in Ansehn, so lange sie keine Nebenbuhler hatten. Die Hitze des Wettstreits ruft längst abgestorbenen Schimpf ins Leben zurück und gräbt die ältesten Stänkereien wieder aus der Erde. Die Mitwerbung hebt an mit einem Manifest von Verunglimpfungen und nimmt nicht was sie darf, sondern was sie kann zur Hilfe. Und wenn gleich oft, ja meistens die Waffen der Herabsetzung nicht zum Zwecke führen; so suchen wenigstens durch solche die Gegner die niedrige Befriedigung der Rache, und schütteln sie dermaßen in der Luft, dass von beschämenden Unfällen der Staub der Vergessenheit herabstiegt. Stets waren die Wohlwollenden friedlich und die Leute von Ruf und Ansehn wohlwollend.

115. Sich an die Charakterfehler
seiner Bekannten gewöhnen,

... eben wie an hässliche Gesichter. Es ist unerlässlich, wo Verpflichtungen uns an sie knüpfen. Es gibt erschreckliche Charaktere, mit welchen man nicht leben kann: jedoch ohne sie nun auch nicht. Dann ist es geschickt, sich an sie, wie an hässliche Gesichter, allmählich zu gewöhnen, damit man nicht, bei irgendeiner fürchterlichen Gelegenheit, ganz aus der Fassung gerate. Das erste Mal erregen sie Entsetzen: allein nach und nach verlieren sie an Scheußlichkeit, und die Überlegung weiß Unannehmlichkeiten vorzubeugen oder sie zu ertragen.

116. Sich nur mit Leuten von Ehr- und Pflichtgefühl abgeben

Mit solchen kann man gegenseitige Verpflichtungen eingehn. Ihre eigene Ehre ist der beste Bürge für ihr Benehmen, sogar bei Misshelligkeiten: denn sie handeln stets mit Rücksicht auf ihre Würde, daher Streit mit rechtlichen Leuten besser ist, als Sieg über unrechtliche. Mit den Verworfenen gibt es keinen sichern Umgang, weil sie keine Verpflichtung zur Rechtlichkeit fühlen: daher gibt es unter solchen auch keine wahre Freundschaft und ihre Freundschaftsbezeugungen sind nicht echt, wenn sie es gleich scheinen, weil kein Ehrgefühl sie bekräftigt, und Leute, denen dieses fehlt, halte man immer von sich ab: denn wer die Ehre nicht hochhält, hält auch die Tugend nicht hoch, indem die Ehre der Thron der Rechtlichkeit ist.

117. Nie von sich reden

Entweder man lobt sich, welches Eitelkeit, oder man tadelt sich, welches Kleinheit ist: und wie es im Sprecher Unklugheit verrät, so ist es für den Hörer eine Pein. Wenn nun dieses schon im gewöhnlichen Umgang zu vermeiden ist, wie viel mehr auf einem hohen Posten, wo man zur Versammlung redet, und wo der leichteste Schein von Unverstand schon für diesen selbst gilt. Der gleiche Verstoß gegen die Klugheit liegt im Reden von Anwesenden, wegen der Gefahr auf eine von zwei Klippen zu stoßen: Schmeichelei oder Tadel.

118. Den Ruf der Höflichkeit erwerben,

... denn er ist hinreichend, um beliebt zu sein. Die Höflichkeit ist ein Hauptteil der Bildung und ist eine Art Hexerei, welche die Gunst aller erobert, wie im Gegenteil Unhöflichkeit allgemeine Verachtung und Widerwillen erregt: wenn aus Stolz entspringend, ist sie abscheulich; wenn aus Grobheit, verächtlich. Die Höflichkeit sei allemal eher zu groß als zu klein, jedoch nicht gleich gegen alle, wodurch sie zur Ungerechtigkeit würde. Zwischen Feinden ist sie Schuldigkeit, damit man seinen Wert zeige. Sie kostet wenig und hilft viel: jeder Verehrer ist geehrt. Höflichkeit und Ehre haben vor andern Dingen dies voraus, dass sie bei dem, der sie erzeigt, bleiben.

119. Sich nicht verhasst machen

Man rufe nicht den Widerwillen hervor: denn auch ungesucht kommt er gar bald von selbst. Viele verabscheuen aus freien Stücken, ohne zu wissen wofür oder warum. Ihr Übelwollen kommt selbst unsrer Zuvorkommenheit zuvor. Die Gehässigkeit unsrer Natur ist tätiger und rascher zum fremden Schaden, als die Begehrlichkeit derselben zum eignen Vorteil. Einige gefallen sich darin, mit allen auf einem schlechten Fuß zu sein; weil sie Überdruss empfinden oder erregen. Hat einmal der Hass Wurzel gefasst; so ist er, wie der schlechte Ruf, schwer auszurotten. Leute von vielem Verstand werden gefürchtet, die von böser Zunge werden verabscheut, die Anmaßenden sind zum Ekel, die Spötter ein Gräuel, die Sonderlinge lässt man stehn. Demnach bezeuge man Hochachtung, um welche einzuernten, und denke, dass geschätzt sein ein Schatz ist.

120. Sich in die Zeiten schicken

Sogar das Wissen muss nach der Mode sein, und da, wo es nicht Mode ist, besteht es grade darin, dass man den Unwissenden spielt. Denkungsart und Geschmack ändern sich nach den Zeiten. Man denke nicht altmodisch, und habe einen modernen Geschmack. In jeder Gattung hat der Geschmack der Mehrzahl eine geltende Stimme: man muss ihm also für jetzt folgen und ihn zu höherer Vollkommenheit weiter zu bringen suchen. Der Kluge passe sich, im Schmuck des Geistes wie des Leibes, der Gegenwart an, wenn gleich ihm die Vergangenheit besser schiene.

Bloß von der Güte des Herzens gilt diese Lebensregel nicht: denn zu jeder Zeit soll man die Tugend üben: man will heutzutage nicht von ihr wissen: die Wahrheit reden, oder sein Wort halten, scheinen Dinge aus einer andern Zeit: so scheinen auch die guten Leute noch aus der guten Zeit zu sein, sind aber doch noch geliebt: inzwischen, wenn es noch welche gibt; so sind sie nicht in der Mode und werden nicht nachgeahmt. O unglückseliges Jahrhundert, wo die Tugend fremd, die Schlechtigkeit an der Tagesordnung ist! – Der Kluge lebe wie er kann, wenn nicht, wie er wünschen möchte, und halte, was ihm das Schicksal zugestand, für mehr wert, als was es ihm versagte.

121. Nicht eine Angelegenheit aus dem machen, was keine ist

Wie manche aus *Allem* eine Klatscherei machen, so andre aus *Allem* eine Angelegenheit. Immer sprechen sie mit Wichtigkeit, alles nehmen sie ernstlich und machen eine Streitigkeit oder eine geheimnisvolle Sache daraus. Verdrießlicher Dinge darf man sich nur selten ernstlich annehmen: denn sonst würde man sich zur Unzeit in Verwickelungen bringen. Es ist sehr verkehrt, wenn man sich das zu Herzen nimmt, was man in den Wind schlagen sollte. Viele Sachen, die wirklich etwas waren, wurden zu nichts, weil man sie ruhen ließ: und aus andern, die eigentlich nichts waren, wurde viel, weil man sich ihrer annahm. Anfangs lässt sich alles leicht beseitigen, späterhin nicht. Oft bringt die Arznei die Krankheit hervor. Und nicht die schlechteste Lebensregel ist: ruhen lassen.

122. Im Reden und Tun etwas Imponierendes haben

Dadurch setzt man sich allerorten bald in Ansehn und hat die Achtung vorweg gewonnen. Es zeigt sich in allem, im Umgange, im Reden, im Blick, in den Neigungen, sogar im Gange. Wahrlich, ein großer Sieg, sich der Herzen zu bemeistern. Es entsteht nicht aus einer dummen Dreistigkeit, noch aus einem übellaunigen Wesen bei der Unterhaltung; sondern es beruht auf einer wohlgeziemenden Autorität, die aus natürlicher, von Verdiensten unterstützter Überlegenheit hervorgeht.

123. Ohne Affektiertheit sein

Je mehr Talente man hat, desto weniger affektiere man sie: denn solches ist die gemeinste Verunstaltung derselben. Die Affektiertheit ist den andern so widerlich, als dem, der sie treibt, peinlich: denn er ist ein Märtyrer der darauf zu verwendenden Sorgfalt und quält sich mit pünktlicher Aufmerksamkeit ab. Die ausgezeichnetsten Eigenschaften büßen durch Affektiertheit ihr Verdienst ein, weil sie jetzt mehr durch Kunst erzwungen, als aus der Natur hervorgegangen scheinen: und überall gefällt das Natürliche mehr als das Künstliche. Immer hält man dafür, dass dem Affektierenden die Vorzüge, welche er affektiert, fremd sind. Je besser man eine Sache macht, desto mehr muss man die darauf verwandte Mühe verbergen, um diese Vollkommenheit als etwas ganz aus unserer Natur Entspringendes erscheinen zu lassen. Auch soll man nicht etwa aus Furcht vor der Affektation grade in diese geraten, indem man das Unaffektiertsein affektiert. Der

Kluge wird nie seine eigenen Vorzüge zu kennen scheinen: denn grade dadurch, dass er sie nicht beachtet, werden andre darauf aufmerksam. Doppelt groß ist der, welcher alle Vollkommenheiten in sich, aber keine in seiner eigenen Meinung hat: er gelangt auf einem entgegengesetzten Pfad zum Ziel des Beifalls.

124. Es dahin bringen, dass man zurückgewünscht wird

Eine so große Gunst bei den Leuten erwerben wenige, und wenn gar noch bei den gescheiten Leuten; so ist es ein großes Glück. Gegen die Abtretenden ist Lauheit gewöhnlich. Jedoch gibt es Wege, sich jenen Lohn der allgemeinen Liebe zu erwerben: ein ganz sicherer ist, dass man in seinem Amt und durch seine Talente ausgezeichnet sei, auch das Einnehmende im Betragen tut viel: durch dies *Alles* macht man seine Vorzüge unentbehrlich, sodass es merklich wird, dass das Amt unsrer bedurfte, nicht wir des Amtes. Einigen macht ihr Posten Ehre; andere ihm. Das aber ist kein Ruhm, wenn ein schlechter Nachfolger uns vortrefflich macht: denn das heißt nicht, dass wir schlechthin zurückgewünscht werden; sondern nur, dass er verabscheut wird.

125. Kein Sündenregister sein

Sich andrer Schande angelegen sein lassen, ist ein Zeichen, dass man selbst schon einen befleckten Ruf hat. Einige möchten mit den fremden Flecken die ihrigen zudecken, oder gar abwaschen; oder sie suchen einen Trost darin, der aber ein Trost für den Unverstand ist. Einen übelriechenden Atem haben die, welche die Kloake des Schmutzes der ganzen Stadt sind. Wer in Dingen dieser Art am meisten wühlt, wird sich am meisten besudeln. Wenige werden ohne irgendeinen eigentümlichen Fehler sein, er liege nun hier oder dort: aber die Fehler wenig bekannter Leute sind nicht bekannt. Der Aufmerksame hüte sich, ein Sündenregister zu werden: denn das heißt ein verabscheuter Patron sein, herzlos, wenn auch lebendig.

126. Dumm ist nicht, wer eine Dummheit begeht; sondern wer sie nachher nicht zu bedecken versteht

Seine Neigungen soll man unter Siegel halten; wie viel mehr seine Fehler. Alle Menschen begehen Fehltritte, jedoch mit dem Unterschied, dass die Klugen die begangenen verhehlen, die Dummen aber die, welche sie erst begehen wollen, schon zum Voraus lügen. Unser Ansehn beruht auf dem

Geheimhalten, mehr als auf dem Tun: denn *nisi caste, tamen caute.*[11] Die Verirrungen großer Männer sind anzusehn wie die Verfinsterungen der großen Weltlichter. Sogar in der Freundschaft sei es eine Ausnahme, dass man seine Fehler dem Freund anvertraut; ja, sich selber sollte man sie, wenn es sein könnte, verbergen: doch kann man sich hierbei mit jener andern Lebensregel helfen, welche heißt: vergessen können.

127. Edle, freie Unbefangenheit bei allem

Diese ist das Leben der Talente, der Atem der Rede, die Seele des Tuns, die Zierde der Zierden. Alle übrigen Vollkommenheiten sind der Schmuck unsrer Natur; sie aber ist der der Vollkommenheiten selbst. Sogar im Denken wird sie sichtbar. Sie am allermeisten ist Geschenk der Natur und dankt am wenigsten der Bildung: denn selbst über die Erziehung ist sie erhaben. Sie ist mehr als Leichtigkeit, sie geht bis zur Kühnheit: sie setzt Ungezwungenheit voraus und fügt Vollkommenheit hinzu. Ohne sie ist alle Schönheit tot, alle Grazie ungeschickt: sie ist überschwänglich, geht über Tapferkeit, über Klugheit, über Vorsicht, ja über Majestät. Sie ist ein feiner Richtweg, die Geschäfte abzukürzen, oder auf eine edle Art aus jeder Verwicklung zu kommen.

128. Hoher Sinn

Eines der ersten Erfordernisse zu einem Helden, weil er für Größe jeder Art entflammt. Er verbessert den Geschmack, erweitert das Herz, steigert die Denkkraft, veredelt das Gemüt und erhöht das Gefühl der Würde. Bei wem auch immer er sich finden mag, erhebt er strebend das Haupt, und wenn auch bisweilen ein missgünstiges Schicksal sein Streben vereitelt; so platzt er, um zu strahlen, und verbreitet sich über den Willen, da ihm das Können gewaltsam benommen ist. Großmut, Edelmut und jede heldenmäßige Eigenschaft erkennen in ihm ihre Quelle.

129. Nie sich beklagen

Das Klagen schadet stets unserm Ansehn. Es dient leichter, der Leidenschaftlichkeit *Anderer* ein Beispiel der Verwegenheit an die Hand zu geben, als uns den Trost des Mitleids zu verschaffen: denn dem Zuhörer zeigt es den Weg zu eben dem, worüber wir klagen, und die Kunde der ersten Beleidigung ist die Entschuldigung der zweiten. Einige geben durch

---

[11] *nisi caste, tamen caute (lat.):* Wenn nicht keusch, dann wenigstens vorsichtig!

ihre Klagen über erlittenes Unrecht zu neuem Anlass, und indem sie Hilfe oder Trost suchen, erregen sie Schadenfreude und sogar Verachtung. Viel politischer ist es, die von dem *Einen* erhaltenen Gunstbezeugungen dem *Andern* zu rühmen, um ihn zu ähnlichen zu verpflichten: indem wir der Verbindlichkeiten erwähnen, welche wir gegen die Abwesenden fühlen, fordern wir die Anwesenden auf, sich eben solche zu erwerben, und verkaufen dergestalt das Ansehn, in welchem wir bei dem *Einen* stehen, dem *Andern*. Nie also wird der Aufmerksame erlittene Unbilden oder eigene Fehler bekannt machen, wohl aber die Hochschätzung, deren er genießt: dadurch hält er seine Freunde fest und seine Feinde in den Schranken.

130. Tun und sehenlassen

Die Dinge gelten nicht für das, was sie sind, sondern für das, was sie scheinen. Wert haben und ihn zu zeigen verstehn, heißt zweimal Wert haben. Was nicht gesehn wird, ist als ob es nicht wäre. Das Recht selbst kann seine Achtung nicht erhalten, wenn es nicht auch als Recht erscheint. Viel größer ist die Zahl der Getäuschten als die der Einsichtigen. Der Betrug herrscht vor, und man beurteilt die Dinge von außen: viele aber sind weit verschieden von dem, was sie scheinen. Eine gute Außenseite ist die beste Empfehlung der inneren Vollkommenheit.

131. Adel des Gemüts

Es gibt eine Großherzigkeit der Seele, einen Edelmut des Geistes, dessen schöne Äußerungen den Charakter in das glänzendste Licht stellen. Dieser Adel des Gemüts ist nicht jedermanns Sache: denn er setzt Geistesgröße voraus. Seine erste Aufgabe ist, gut vom Feinde zu reden und noch besser an ihm zu handeln. Im größten Glanz erscheint er bei den Gelegenheiten zur Rache: diese lässt er sich nicht etwa entgehn, sondern er verbessert sie sich, indem er, grade wann er recht siegreich ist, sie zu einer unerwarteten Großmut benutzt. Und dabei ist er doch politisch, ja sogar der Schmuck der Staatsklugheit: nie affektiert er Siege, weil er nichts affektiert: erlangt solche jedoch sein Verdienst, so verhehlt sie sein Edelmut.

132. Zweimal überlegen

An Revision appellieren, gibt Sicherheit: zumal wenn man mit der Sache nicht ganz im Klaren ist, gewinne man Zeit, um entweder einzuwilligen oder sich zu verbessern. Es bieten sich neue Gründe dar, die Beschlüsse zu bekräftigen und zu bestätigen. Handelt sich's um's Geben; so wird die

Gewissheit, dass die Gabe mit Überlegung verliehen sei, sie werter machen, als die Freude über die Schnelligkeit, und das lang Ersehnte wird immer am höchsten geschätzt. Muss man hingegen verweigern; so gewinnt man Zeit für die Art und Weise, wie auch um das Nein zur Reife zu bringen, dass es weniger herb schmecke; wozu noch kommt, dass wenn die erste Hitze des Begehrens vorüber ist, nachher, bei kaltem Blut, das Zurücksetzende einer Weigerung weniger empfunden wird. Dem aber, der plötzlich und eilig bittet, soll man spät bewilligen: denn jenes ist eine List, die Aufmerksamkeit zu umgehn.

133. Besser mit allen ein Narr, als allein gescheit,

... sagen politische Köpfe. Denn, wenn alle es sind, steht man hinter keinem zurück: und ist der Gescheite allein, wird er für den Narren gelten. So wichtig ist es dem Strom zu folgen. Bisweilen besteht das größte Wissen im Nichtwissen oder in der Affektation desselben. Man muss mit den Übrigen leben, und die Unwissenden sind die Mehrzahl. Um allein zu leben, muss man sehr einem Gott, oder ganz einem Tier ähnlich sein. Doch möchte ich den Aphorismus ummodeln und sagen: besser mit den Übrigen gescheit als allein ein Narr: denn einige suchen Originalität in Schimären.

134. Die Erfordernisse des Lebens doppelt besitzen:

... dadurch verdoppelt man sein Dasein. Man muss nicht von *einer* Sache abhängig, noch auf *eine* beschränkt sein, so außerordentlich sie auch sein möchte. Alles muss man doppelt haben, besonders die Ursachen des Fortkommens, der Gunst, des Genusses. Die Wandelbarkeit des Mondes ist überschwänglich, und sie ist die Grenze alles Bestehenden, zumal aber der Dinge, die vom menschlichen Willen abhängen, der ein gar gebrechlich Ding ist. Gegen diese Gebrechlichkeit schütze man sich durch etwas im Vorrat, und mache es zu einer Haupt-Lebensregel, die Veranlassungen des Guten und Bequemen doppelt zu haben. Wie die Natur die wichtigsten und ausgesetztesten Glieder uns doppelt verlieh: so mache die Kunst es mit dem, wovon wir abhängen.

135. Keinen Widerspruchsgeist hegen,

... denn er ist dumm und widerlich: man rufe seine ganze Klugheit dagegen auf. Wohl zeugt es bisweilen von Scharfsinn, dass man bei allem Schwierigkeiten entdeckt; allein der Eigensinn hierbei entgeht nicht dem

Vorwurf des Unverstandes. Solche Leute machen aus der sanften, angenehmen Unterhaltung einen kleinen Krieg, und sind so mehr die Feinde ihrer Vertrauten, als derer, die nicht mit ihnen umgehen. Im wohlschmeckendsten Bissen fühlt man am meisten die Gräte, die ihn durchbohrt, und so ist der Widerspruch zur Zeit der Erholung. Solche Leute sind unverständig, verderblich, ein Verein des wilden mit dem dummen Tier.

136. Sich in den Materien festsetzen

... und den Geschäften sogleich den Puls fühlen. Viele verirren sich in den Verzweigungen eines unnützen Überlegens, oder auf dem Laubwerk einer ermüdenden Redseligkeit, ohne auf das Wesen der Sache zu treffen: sie gehn hundert Mal um einen Punkt herum, ermüden sich und andre, kommen jedoch nie auf die eigentliche Hauptsache: dies entsteht aus einem verworrenen Begriffsvermögen, welches sich nicht herauszuwickeln fähig ist. Sie verderben Zeit und Geduld mit dem, was sie sollten liegen lassen, und beide fehlen ihnen nachher für das, was sie liegen gelassen haben.

137. Der Weise sei sich selbst genug

Jener[12], der sich selbst *Alles* in *Allem* war, hatte, als er sich selbst davontrug, alles Seinige bei sich. Wenn *ein* universeller Freund Rom und die ganze übrige Welt zu sein vermag; so sei man sich selbst dieser Freund, und dann wird man allein zu leben im Stande sein. Wen wird ein solcher Mann vermissen, wenn es keinen größern Verstand und keinen richtigeren Geschmack als den seinigen gibt? Dann wird er bloß von sich abhängen, und es ist die höchste Seligkeit, dem höchsten Wesen zu gleichen. Wer so allein zu leben vermag, wird in nichts dem Tier, in vielem dem Weisen und in *Allem* Gott ähnlich sein. (Vergl. Nr. 133.)

138. Kunst, die Dinge ruhen zu lassen,

... und um so mehr, je wütender die Wellen des öffentlichen oder häuslichen Lebens toben. Im Treiben des menschlichen Lebens gibt es Strudel und Stürme der Leidenschaften; dann ist es klug, sich in den sichern Hafen der Furt zurückzuziehen. Oft verschlimmern die Mittel das Übel: darum lasse man hier dem Physischen, dort dem Moralischen seinen freien Lauf. Der Arzt braucht gleich viel Wissenschaft zum Nichtverschreiben wie zum Verschreiben, und oft besteht die Kunst grade in Nichtanwen-

---

[12] *Jener:* gemeint ist Diogenes

dung der Mittel. Die Strudel im großen Haufen zu beruhigen, sei der Weg, dass man die Hand zurückziehe und sie von selbst sich legen lasse. Ein zeitiges Nachgeben für jetzt, sichert den Sieg in der Folge. Eine Quelle wird durch eine kleine Störung getrübt, und wird nicht, indem man dazu tut, wieder helle, sondern indem man sie sich selber überlässt. Gegen Zwiespalt und Verwirrung ist das beste Mittel, sie ihren Lauf nehmen zu lassen: denn so beruhigen sie sich von selbst.

139. Die Unglückstage kennen,

... denn es gibt dergleichen: an solchen geht nichts gut, und ändert sich auch das Spiel, doch nicht das Missgeschick. Auf zwei Würfen muss man die Probe gemacht haben und sich zurückziehen, je nachdem man merkt, ob man seinen Tag hat oder nicht. Alles, sogar der Verstand ist dem Wechsel unterworfen, und keiner ist zu jeder Stunde klug: es gehört Glück dazu, richtig zu denken wie eben auch einen Brief gut abzufassen. Alle Vollkommenheiten hängen von Zeitperioden ab: die Schönheit hat nicht immer ihren Tag: die Klugheit versagt ihren Dienst, indem wir den Sachen bald zu wenig, bald zu viel tun: und alles muss, um gut auszufallen, seinen Tag haben. Ebenso gelingt auch einigen alles schlecht, andern alles gut und mit geringerer Anstrengung. Diese finden alles schon gemacht, der Geist ist aufgelegt, das Gemüt in der besten Stimmung und der Glücksstern leuchtet. Dann muss man seinen Vorteil wahrnehmen und auch nicht das Geringste davon verloren gehn lassen. Jedoch wird der Mann von Überlegung nicht wegen *eines* Unfalls den Tag entschieden für schlecht oder im umgekehrten Fall für gut erklären: denn *jenes* konnte ein kleiner Verdruss, *dieses* ein glücklicher Zufall sein.

140. Gleich auf das Gute in jeder Sache treffen

Es ist das Glück des guten Geschmacks. Die Biene geht gleich zur Süßigkeit für ihre Honigscheibe und die Schlange zur Bitterkeit für ihr Gift. So wendet auch der Geschmack einiger sich gleich dem Guten, andrer dem Schlechten entgegen. Es gibt nichts, woran nicht etwas Gutes wäre, zumal ein Buch, als ein Werk der Überlegung. Allein manche sind von einer so unglücklichen Sinnesart, dass sie unter tausend Vollkommenheiten sogleich den einzigen Fehler herausfinden, der dabei wäre, diesen nun tadeln und davon viel reden, als wahre Aufsammler aller Auswürfe des Willens und des Verstandes andrer: so häufen sie Register von Fehlern auf, welches mehr eine Strafe ihrer schlechten Wahl, als eine Beschäftigung ihres Scharfsinnes ist: sie haben ein trauriges Leben davon, indem sie stets am Bittern zehren und Unvollkommenheiten ihre Leibspeise sind. Glücklicher ist der Geschmack andrer, welche unter tausend Fehlern gleich auf die einzige Vollkommenheit treffen, die ihnen aufstößt.

141. Nicht sich zuhören

Sich selber gefallen hilft wenig, wenn man andern nicht gefällt; und meistens straft die allgemeine Geringschätzung die selbsteigene Zufriedenheit. Wer sich selber so sehr genügt, wird es nie den andern. Reden, und zugleich selbst zuhören wollen, geht nicht wohl: und wenn mit sich allein zu reden eine Narrheit ist, so ist es eine doppelte, sich noch vor andern zuhören zu wollen. Es ist eine Schwäche großer Herren, mit dem Grundbass von »Ich sage Etwas« zu reden, zur Marter der Zuhörer: bei jedem Satz horchen sie nach Beifall oder Schmeichelei, und treiben die Geduld der Klugen aufs Äußerste. Auch pflegen die Aufgeblasenen unter Begleitung eines Echos zu reden, und indem ihre Unterhaltung auf dem Kothurn[13] des Dünkels einherschreitet, ruft sie bei jedem Wort die widerliche Hilfe eines dummen »wohl gesprochen« auf.

142. Nie aus Eigensinn sich auf die schlechtere Seite stellen, weil der Gegner sich bereits auf die bessere gestellt hat

Denn sonst tritt man schon besiegt auf den Kampfplatz und wird daher notwendig mit Schimpf und Schande abziehen müssen: mit schlechten Waffen wird man nie gut kämpfen. Im Gegner war es Schlauheit, dass er in der Erwählung des Bessern den Vorsprung gewann, im andern aber Dummheit, dass er, um sich ihm entgegenzustellen, jetzt das Schlechtere ergriff. Dergleichen Eigensinn in Taten bringt tiefer in die Klemme, als der in Worten; sofern mehr Gefahr beim Tun als beim Reden ist. Die Eigensinnigen zeigen ihre Gemeinheit darin, dass sie der Wahrheit zum Trotz streiten und ihrem eigenen Nutzen zum Trotz prozessieren. Der Kluge stellt sich nie auf die Seite der Leidenschaft, sondern immer auf die des Rechts, sei es, dass er gleich anfangs als der Erste dahin getreten, oder erst als der Zweite, indem er sich eines Bessern bedachte. Ist, im letztern Fall, der Gegner dumm, so wird er, sich jetzt im obigen Falle befindend,

---

[13] *Kothurn:* dicksohliger Schuh, von Schauspielern auf der Bühne getragen

nun seinen Weg ändern und auf die entgegengesetzte, folglich schlechtere Seite treten. Um ihn also vom Bessern wegzutreiben; ist das einzige Mittel, es selbst zu ergreifen: denn aus Dummheit wird er es fahren lassen, und durch diesen Eigensinn wird der andre seiner entledigt.

143. Nicht, aus Besorgnis trivial zu sein, paradox werden

Beide Extreme schaden unserm Ansehn. Jedes Unterfangen, welches der Gesetztheit zuwiderläuft, ist schon der Narrheit verwandt. Das Paradoxon ist gewissermaßen ein Betrug, indem es anfangs Beifall findet, weil es durch das Neue und Pikante überrascht: allein wenn nachher die Täuschung verschwindet und seine Blößen offenbar werden, nimmt es sich sehr übel aus. Es ist eine Art Gaukelei und in Staatsangelegenheiten der Ruin des Staats. Die, welche nicht auf dem Wege der Trefflichkeit es zu wahrhaft großen Leistungen bringen können, oder sich nicht daran wagen, legen sich auf das Paradoxe: von den Toren werden sie bewundert; aber viele kluge Leute werden an ihnen zu Propheten. Es beweist eine Verschrobenheit der Urteilskraft: und wenn es auch bisweilen nicht auf das Falsche sich gründet, dann doch auf das Ungewisse, zur großen Gefahr wichtiger Angelegenheiten.

144. Mit der fremden Angelegenheit auftreten, um mit der seinigen abzuziehn

Es ist ein schlaues Mittel zum Zweck: allein sogar in den Angelegenheiten des Himmels schärfen christliche Lehrer den Gebrauch dieser List ein. Es ist eine wichtige Verstellung: denn der vorgehaltene Vorteil dient als Lockspeise, den fremden Willen zu leiten: diesem scheint seine Angelegenheit betrieben zu werden, und doch ist sie nur da, fremdem Vorhaben den Weg zu öffnen. Man muss nie unüberlegt vorschreiten, am wenigsten, wo der Grund gefährlich ist. Ferner auch bei Leuten, deren erstes Wort *Nein* zu sein pflegt, ist es rätlich, diesem Schuss auszubeugen, und ihnen die Schwierigkeit des verlangten Zugeständnisses zu verbergen, noch viel mehr aber wo man gar die Umgestaltung schon ahnen könnte. – Dieser Rat gehört zu denen der ›zweiten Absicht‹ (Nr. 13), welche sämtlich von der äußersten Feinheit sind.

145. Nicht den schlimmen Finger zeigen,

... denn sonst trifft *Alles* dahin; nicht über ihn klagen: denn immer klopft die Bosheit dahin, wo es der Schwäche wehtut. Sich zu erzürnen, würde zu nichts dienen, als den Spaß der Unterhaltung zu erhöhen. Die böse Absichtlichkeit schleicht umher, nach Gebrechen suchend, die sie aufdecken könnte, sie schlägt mit Ruten, die Empfindung zu prüfen, und wird den Versuch tausend Mal machen, bis sie die wunde Stelle gefunden hat. Der Aufmerksame zeige nie, dass er getroffen sei, und decke sein persönliches oder erbliches Übel niemals auf. Denn sogar das Schicksal selbst findet zuweilen Gefallen daran, uns grade da zu betrüben, wo es am meisten wehtut. Stets treffen seine Schläge auf die wunde Stelle: daher offenbare man weder was schmerzt, noch was erfreut, damit das *Eine* ende, das *Andre* verharre.

146. Ins Innere schauen

Man findet meistenteils die Dinge weit verschieden von dem, was sie schienen; und die Unwissenheit, welche nicht tiefer als die Rinde eingedrungen war, sieht, wann man zum Innern gelangt, ihre Täuschung schwinden. In *Allem* geht stets die Lüge voran, die Dummköpfe hinter sich ziehend am Seil ihrer unheilbaren Gemeinheit: die Wahrheit aber kommt immer zuletzt, langsam heranhinkend am Arm der Zeit: für sie bewahren daher die Klugen die andre Hälfte jener Fähigkeit auf, deren Werkzeug unsre gemeinsame Mutter uns weislich doppelt verliehen hat. Der Trug ist etwas sehr oberflächliches: daher treffen, die es selbst sind, gleich auf ihn. Das Wahre und Richtige aber lebt tief zurückgezogen und verborgen, um desto höher geschätzt zu werden von seinen Weisen und Klugen.

147. Nicht unzugänglich sein

Keiner ist so vollkommen, dass er nicht zu Zeiten fremder Erinnerung bedürfte: von unheilbarem Unverstand ist, wer niemand anhören will. Sogar der Überlegenste soll freundschaftlichem Rat Raum geben, und selbst die Königliche Macht darf nicht die Lenksamkeit ausschließen. Es gibt Leute, die rettungslos sind, weil sie sich *Allem* verschließen: sie stürzen sich ins Verderben, weil keiner sich heranwagt, sie zurückzuhalten. Auch der Vorzüglichste soll der Freundschaft eine Tür offenhalten, und sie wird die der Hilfe werden. Ein Freund muss Freiheit haben, ohne Zurückhaltung zu raten, ja zu tadeln. Diese Autorität muss ihm unsre

Zufriedenheit und unsre hohe Meinung von seiner Treue und Verständigkeit erworben haben. Nicht allen soll man leicht Berücksichtigung, oder
auch nur Glauben schenken: aber im geheimen Innern seiner Vorsorge
habe man einen treuen Spiegel, an einem Vertrauten, dem man
Zurechtweisung und Zurückführung von Irrtümern verdanke und solche
zu schätzen wisse.

148. Die Kunst der Unterhaltung besitzen,

... denn sie ist es, in der ein ganzer Mann sich produziert. Keine Beschäftigung im Leben erfordert größere Aufmerksamkeit: denn grade weil sie die
gewöhnlichste ist, wird man durch sie sich heben oder stürzen. Ist
Behutsamkeit nötig, einen Brief zu schreiben, welches eine überlegte und
schriftliche Unterhaltung ist; wie viel mehr bei der gewöhnlichen, in der
die Klugheit eine unvorbereitete Prüfung zu bestehen hat. Die Erfahrenen
fühlen der Seele den Puls an der Zunge, und deshalb sagte der Weise:[14]
»Sprich, damit ich dich sehe.« Einige halten dafür, dass die Kunst der Unterhaltung grade darin bestehe, dass sie kunstlos sei, indem sie locker und
lose, wie die Kleidung, sein müsse: von der Unterhaltung zwischen genau-
en Freunden gilt dies wohl: allein, wenn mit Leuten, die Rücksicht
verdienen, geführt, muss sie gehaltvoller sein, um eben vom Gehalt des
Redenden Zeugnis zu geben. Um es recht zu treffen, muss man sich der
Gemütsart und dem Verstand des Mitredenden anpassen. Auch affektiere
man nicht, Worte zu kritisieren; sonst wird man für einen Grammatikus
gehalten: noch weniger sei man der Fiskal der Gedanken; sonst werden
alle uns ihren Umgang entziehn und die Mitteilung teuer feil haben. Im
Reden ist Diskretion viel wichtiger, als Beredsamkeit.

149. Das Schlimme anderen aufzubürden verstehn

Ein Schild gegen das Misswollen zu haben, ist eine große List der Regie-
renden. Sie entspringt nicht, wie Missgünstige meinen, aus Unfähigkeit,
vielmehr aus der höhern Absicht, jemanden zu haben, auf den der Tadel
des Misslingens und die Strafe allgemeiner Schmähungen zurückfalle. Alles
kann nicht gut ablaufen, noch kann man alle zufrieden stellen: daher habe
man, wenn auch auf Kosten seines Stolzes, so einen Sündenbock, so einen
Ausbader unglücklicher Unternehmungen.

---

[14] *der Weise:* gemeint ist Sokrates

150. Seine Sachen herauszustreichen verstehn

Der innere Wert derselben reicht nicht aus: denn nicht alle dringen bis auf den Kern, oder schauen ins Innere: vielmehr laufen die meisten dahin, wo schon ein Zusammenlauf ist, und gehn, weil sie andre gehen sehn. Ein großer Teil der Kunst besteht darin, seine Sache in Ansehn zu bringen, bald durch Anpreisen, denn Lob erregt Begierde; bald durch eine vortreffliche Benennung, welche einer hohen Meinung sehr förderlich ist; wobei jedoch alle Affektation zu vermeiden. Ferner ist ein allgemeines Anregungsmittel, sie bloß für die Einsichtigen zu bestimmen, da alle sich für solche halten, und wenn etwa nicht, dann der gefühlte Mangel den Wunsch erregen wird. Hingegen muss man nie seinen Gegenstand als leicht oder gewöhnlich empfehlen, wodurch er mehr herabgesetzt als erleichtert wird: nach dem Ungewöhnlichen haschen alle, weil es für den Geschmack wie für den Verstand anziehender ist.

151. Voraus denken

Heute auf morgen und noch auf viele Tage. Die größte Vorsicht ist, dass man der Sorge und Überlegung besondre Stunden bestimme. Für den Behutsamen gibt es keine Unfälle und für den Aufmerksamen keine Gefahren. Man soll nicht das Denken verschieben, bis man im Sumpf bis an den Hals steckt, es muss zum Voraus geschehn. Durch die wiederholte und gereifte Überlegung komme man überall dem äußersten Missgeschick zuvor. Das Kopfkissen ist eine stumme Sibylle; und sein Beginnen vorher beschlafen, ist besser, als nachmals darüber schlaflos liegen. Manche handeln erst, und denken nachher, welches heißt, weniger auf die Folgen, als auf die Entschuldigungen bedacht sein; andre weder vorher noch nachher. Das ganze Leben muss ein fortgesetztes Denken sein, damit man des rechten Weges nicht verfehle. Wiederholte Überlegung und Vorsicht machen es möglich, unsern Lebenslauf zum Voraus zu bestimmen.

152. Nie sich zu dem gesellen, durch den man in den Schatten gestellt wird,

... sei es dadurch, dass er über uns, oder dass er unter uns stehe. Größre Vorzüge finden größre Verehrung: da wird der andre immer die Hauptrolle spielen, wir die zweite: bleibt für uns ja noch einige Wertschätzung; so ist es, was er übriglässt. Der Mond glänzt, so lange er allein bei den Sternen ist: kommt die Sonne, wird er unscheinbar oder unsichtbar. Nie also schließe man sich dem an, durch den man verdunkelt, sondern dem, durch den man herausgehoben wird. Durch dieses Mittel konnte die kluge Fabula, beim Martial, schön erscheinen und glänzen, wegen der Hässlichkeit und des schlechten Anzuges ihrer Begleiterinnen. Eben so wenig aber soll man durch einen schlechten Kumpan sich in Gefahr setzen, und nicht auf Kosten seines eigenen Ansehens einen: anderen Ehre erzeigen. Ist man noch im Werden, so halte man sich zu den Ausgezeichneten; aber als gemachter Mann zu den Mittelmäßigen.

153. Man hüte sich einzutreten, wo eine große Lücke auszufüllen ist:

... tut man es jedoch, so sei man sicher, den Vorgänger zu übertreffen: ihm nur gleichzukommen, erfordert schon doppelten Wert. Wie es fein ist, dafür zu sorgen, dass der Nachfolger uns zurückgesehnt mache; so ist es auch schlau, zu verhüten, dass der Vorgänger uns nicht verdunkle. Eine große Lücke auszufüllen, ist schwer: denn stets erscheint das Vergangene als das Bessere, und sogar dem Vorgänger gleich zu sein, ist nicht hinreichend, weil er schon den Erstbesitz voraushat. Daher muss man noch Vorzüge hinzuzufügen haben, um den andern aus seinem Besitz der höhern Meinung herauszuwerfen.

154. Nicht leicht glauben und nicht leicht lieben

Die Reife des Geistes zeigt sich an der Langsamkeit im Glauben. Die Lüge ist sehr gewöhnlich; so sei der Glaube ungewöhnlich. Wer sich leicht hinreißen ließ, steht nachher beschämt. Inzwischen soll man seinen Zweifel an die Aussage des andern nicht zu erkennen geben, weil dieses unhöflich, ja beleidigend wäre, indem man den Bezeugenden dadurch zum Betrüger oder zum Betrogenen macht. Sogar aber ist dies noch nicht der größte Übelstand; sondern der, dass Ungläubigsein selbst einen Lügner verrät: denn ein solcher leidet an zwei Übeln, dem, nicht zu glauben, und dem, keinen Glauben zu finden. Die Zurückhaltung des Urteils ist immer klug im Hörer; der Sprecher aber berufe sich auf den, von dem er es hat. Eine verwandte Art der Unbedachtsamkeit ist das leichte Verleihen seiner Zuneigung: denn nicht nur mit Worten, sondern auch mit Werken wird gelogen, und letztere Art des Betrugs ist viel gefährlicher.

155. Die Kunst, in Zorn zu geraten

Wenn es möglich ist, trete vernünftige Überlegung dem gemeinen Auf-brausen in den Weg: und dem Vernünftigen wird dies nicht schwer sein. Gerät man aber in Zorn; so sei der erste Schritt, zu bemerken, dass man sich erzürnt: dadurch tritt man gleich mit Herrschaft über den Affekt auf: jetzt messe man die Notwendigkeit ab, bis zu welchem Punkt des Zorns man zu gehen hat, und dann nicht weiter: mit dieser überlegenen Schlau-heit gelangt man in und wieder aus dem Zorn. Man verstehe gut und zu rechter Zeit einzuhalten: denn das Schwierigste beim Laufen ist das Stille-stehen. Ein großer Beweis von Verstand ist es, klug zu bleiben bei den Anwandlungen der Narrheit. Jede übermäßige Leidenschaft ist eine Abweichung von unsrer vernünftigen Natur. Allein bei jener meisterhaften Aufmerksamkeit wird die Vernunft nie zu Falle kommen und nicht die Schranken der großen Obhut seiner selbst überschreiten. Um eine Leidenschaft zu bemeistern, muss man stets den Zaum der Aufmerksam-keit in der Hand behalten: dann wird man der erste »Kluge zu Pferde«[15] sein, wo nicht gar noch auch der letzte.

156. Die Freunde seiner Wahl:

... denn erst nachdem der Verstand sie geprüft und das wechselnde Glück sie erprobt hat, sollen sie es sein, erkoren, nicht bloß durch die Neigung, sondern auch durch die Einsicht. Obgleich hierin es gut zu treffen, das Wichtigste im Leben ist, wird doch die wenigste Sorgfalt darauf verwendet. Einige Freunde führt ihre Zudringlichkeit, die meisten der Zufall uns zu. Und doch wird man nach seinen Freunden beurteilt: denn nie war Übereinstimmung zwischen dem Weisen und den Unwissenden. Inzwischen ist, dass man Geschmack an Jemandem findet, noch kein Beweis genauer Freundschaft: es kann mehr von der Kurzweil an seiner Unterhaltung, als von dem Zutrauen zu seinen Fähigkeiten herrühren. Es gibt echte und unechte Freundschaften, diese zum Ergötzen, jene zur Fruchtbarkeit an gelungenen Gedanken und Taten. Wenige sind Freunde der Person, die Meisten der Glücksumstände. Die tüchtige Einsicht *eines* Freundes nützt mehr als der gute Wille vieler andern: daher verdanke man sie seiner Wahl, nicht dem Zufall. Ein Kluger weiß Verdrießlichkeiten zu vermeiden; aber ein dummer Freund schleppt sie ihm zu. Auch wünsche man seinen Freunden nicht zu großes Glück, wenn man sie behalten will.

---

[15] ›der erste *Kluge zu Pferde*‹ (span. Sprichwort): Ironisch, denn: keiner ist klug zu Pferde

157. Sich nicht in den Personen täuschen,

... welches die schlimmste und leichteste Täuschung ist. Besser man werde im Preis, als in der Ware betrogen. Bei Menschen mehr, als bei allem andern, ist es nötig ins Innere zu schauen. Sachen verstehn und Menschen kennen, sind zwei weit verschiedene Dinge. Es ist eine tiefe Philosophie, die Gemüter zu ergründen, und die Charaktere zu unterscheiden. So sehr als die Bücher, ist es nötig die Menschen studiert zu haben.

158. Seine Freunde zu nutzen verstehn

Auch hierbei hat die Klugheit ihre Kunst. Einige sind gut in der Ferne, andre in der Nähe. Mancher taugt nicht für die Unterredung, aber sehr für den Briefwechsel: denn die Entfernung nimmt einige Fehler hinweg, welche in der Nähe unerträglich waren. Nicht bloß Ergötzen, sondern auch Nutzen muss man aus seinem Freund schöpfen; denn er muss die drei Eigenschaften besitzen, welche einige dem Guten, andre dem Dinge überhaupt beilegen: Einheit, Güte und Wahrheit[16]. Denn der Freund ist alles in allem. Wenige taugen zu guten Freunden, und dass man sie nicht zu wählen versteht, macht ihre Zahl noch kleiner. Sie sich erhalten ist mehr, als sie zu erwerben wissen. Man suche solche, welche für die Dauer sein können, und sind sie auch anfangs neu; so beruhige man sich dabei, dass sie alt werden können. Durchaus die besten sind die von vielem Salz, wenn auch die Prüfung einen Scheffel kostet. Keine Einöde ist so traurig, als ohne Freund zu sein. Die Freundschaft vermehrt das Gute und verteilt das Schlimme: sie ist das einzige Mittel gegen das Unglück und ist das Freiatmen der Seele.

159. Die Narren ertragen können

Stets sind die Weisen ungeduldig: denn wer sein Wissen vermehrt, vermehr seine Ungeduld. Große Einsicht ist schwer zu befriedigen. Die erste Lebensregel, nach Epiktet, ist das Ertragenkönnen, worauf er die Hälfte der Weisheit zurückführt. Müssen nun alle Arten von Narrheit ertragen werden; so wird es großer Geduld bedürfen. Oft haben wir am meisten von denen zu erdulden, von welchen wir am meisten abhängen: eine dienliche Übung der Selbstüberwindung. Aus der Geduld geht der

---

[16] *Einheit, Güte und Wahrheit:* Quodlibet ens est unum, verum, bonum (lat.), Satz aus der Scholastischen Philosophie

unschätzbare Frieden hervor, welcher das Glück der Welt ist. Wer aber zum Dulden kein Gemüt hat, ziehe sich zurück in sich selbst, wenn er anders auch nur sich selbst wird ertragen können.

160. Aufmerksamkeit auf sich im Reden:

... wenn mit Nebenbuhlern, aus Vorsicht; wenn mit andern, des Anstands halber. Ein Wort nachzuschicken, ist immer Zeit, nie eins zurückzurufen. Man rede wie im Testament: je weniger Worte, desto weniger Streit. Beim Unwichtigen übe man sich für das Wichtige. Das Geheimnisvolle hat einen gewissen göttlichen Anstrich. Wer im Sprechen leichtfertig ist, wird bald überwunden oder überführt sein.

161. Seine Lieblingsfehler kennen

Auch der vollkommenste Mensch wird dergleichen haben, und entweder ist er mit ihnen vermählt, oder in geheimer Liebschaft. Oft liegen sie im Geiste, und je größer dieser ist, desto größer auch sie, oder auch desto auffallender. Nicht, dass der Inhaber sie nicht kennen sollte; sondern er liebt sie: ein doppeltes Übel: leidenschaftliche Neigung, und für Fehler. Sie sind Schandflecke der Vollkommenheiten und andern so widerlich, als ihm selbst wohlgefällig. Hier nun gilt es eine kühne Selbstüberwindung, um seine übrigen Vorzüge von solchem Makel zu befreien. Denn darauf stoßen alle: und wenn sie das übrige Gute, welches sie bewundern, zu loben haben, halten sie bei diesem Anstoß still und schwärzen ihn möglichst an, zur Verunglimpfung der sonstigen Talente.

162. Über Nebenbuhler und Widersacher zu triumphieren verstehen

Sie zu verachten, reicht nicht aus, wiewohl es vernünftig ist; sondern Edelmut ist die Sache. Über jedes Lob erhaben ist, wer gut redet von dem, der von ihm schlecht redet. Keine heldenmütigere Rache gibt es, als die der Talente und Verdienste, welche die Neider besiegen und martern. Jede neu erlangte Stufe des Glücks ist ein festeres Zuschnüren des Stranges am Halse des Missgünstigen, und der Ruhm des Angefeindeten ist die Hölle des Nebenbuhlers: es ist die größte aller Strafen, denn aus dem Glück bereitet sie Gift. Nicht *ein* Mal stirbt der Neider, sondern so oft als das Beifallsrufen dem Beneideten ertönt: die Unvergänglichkeit des Ruhmes des *Einen* ist das Maß der Qual des *Andern*: endlos lebt jener für die Ehre und Dieser für die Pein. Die Posaune des Ruhms verkündet *jenem* Unsterblichkeit, *diesem* den Tod durch den Strang, wenn er nicht abwarten will, dass der Neid ihn verzehrt habe.

163. Nie, aus Mitleid gegen den Unglücklichen, sein Schicksal auch sich zuziehen

Was für den Einen ein Missgeschick, ist oft für den *Anderen* die glücklichste Begebenheit: denn keiner könnte beglückt sein, wenn nicht viele andre unglücklich wären. Es ist den Unglücklichen eigentümlich, dass sie leicht den guten Willen der Leute erlangen, indem diese durch ihre unnütze Gunst die Schläge des Schicksals ausgleichen möchten: und bisweilen sah man den, welcher auf dem Gipfel des Glücks allen ein Abscheu war, im Unglück von allen bemitleidet: die Rachgier gegen den Erhobenen hatte sich in Teilnahme für den Gefallenen verwandelt. Jedoch der Kluge merke auf, wie das Schicksal die Karten mischt. Leute gibt es, die man stets nur mit Unglücklichen gehn sieht, und der, den sie als einen Beglückten gestern flohen, steht heute als ein Unglücklicher an ihrer Seite. Das zeugt bisweilen von einem edeln Gemüt, jedoch nicht von Klugheit.

164. Einige Luftstreiche tun,

... um die Aufnahme, welche manche Dinge finden würden, vorläufig zu untersuchen, zumal solche, über deren Billigung oder Gelingen man Misstrauen hegt. Man kann sich dadurch des guten Ausgangs vergewissern und behält immer Raum, entweder Ernst zu machen, oder einzulenken. Man prüft auf diese Art die Neigungen, und der Aufmerksame lernt seinen Grund und Boden kennen, welches die wichtigste Vorkehr ist beim Bitten, beim Lieben und beim Regieren.

165. Ein redlicher Widersacher sein

Der Mann von Verstand kann genötigt werden, ein Widersacher, aber nicht, ein nichtswürdiger Widersacher zu sein. Jeder muss handeln als der, welcher er ist, nicht als der, wozu sie ihn machen möchten. Der Edelsinn beim Kampf mit Nebenbuhlern erwirbt Beifall: man kämpfe so, dass man nicht bloß durch die Übermacht, sondern auch durch die Art zu verfahren siegreich sei. Ein niederträchtiger Sieg ist kein Ruhm, vielmehr eine Niederlage. Immer behält der Edelmut die Oberhand. Der rechtschaffene Mann gebraucht nie verbotene Waffen: dergleichen aber sind die der beendigten Freundschaft gegen den begonnenen Hass, da man nie das geschenkte Zutrauen zur Rache benutzen darf. Alles, was nach Verrat auch nur riecht, befleckt den guten Namen. In Leuten, die auf Achtung Anspruch haben, befremdet jede Spur von Niedrigkeit: Seelenadel und Verworfenheit müssen weit auseinander bleiben. Man setze seinen Ruhm darin, dass wenn Edelsinn, Großmut und Treue sich aus der Welt verloren hätten, sie in unserer Brust noch wiederzufinden sein würden.

166. Den Mann von Worten
von dem von Werken unterscheiden

Diese Unterscheidung erfordert die größte Genauigkeit, eben wie die der Freunde, der Personen und der Ämter; da alle diese Dinge große Verschiedenheiten haben. Weder gute Worte, noch schlechte Werke, ist schon schlimm; aber weder schlechte Worte, noch gute Werke, ist schlimmer. Worte kann man nicht essen, sie sind Wind; und von Artigkeiten kann man nicht leben, sie sind ein höflicher Betrug. Die Vögel mit dem Lichte fangen, ist das wahre Blenden. Die Eiteln lassen sich mit Wind abspeisen. Die Worte sollen das Unterpfand der Werke sein, und dann haben sie ihren Wert. Die Bäume, die keine Frucht, sondern nur Blätter tragen, pflegen ohne Mark zu sein: man muss sie kennen, die einen zum Nutzen, die andern zum Schatten.

167. Sich zu helfen wissen

In großen Gefahren gibt es keinen bessern Gefährten, als ein wackeres Herz: und sollte es schwach werden; so müssen die benachbarten Teile ihm aushelfen. Die Mühseligkeiten verringern sich dem, der sich zu helfen weiß. Man muss nicht dem Schicksal die Waffen strecken: denn da würde es sich vollends unerträglich machen. Manche helfen sich gar wenig in ihren Widerwärtigkeiten und verdoppeln solche, weil sie sie nicht zu tragen verstehn. Der, welcher sich schon kennt, kommt seiner Schwäche durch Überlegung zu Hilfe, und der Kluge besiegt alles, sogar das Gestirn.

168. Nicht zu einem Ungeheuer von Narrheit werden

Dergleichen sind alle Eitle, Anmaßende, Eigensinnige, Kapriziöse, von ihrer Meinung nicht Abzubringende, Überspannte, Gesichterschneider, Possenreißer, Neuigkeitskrämer, Paradoxisten, Sektierer und verschrobene Köpfe jeder Art: sie sind alle Ungeheuer von Ungebührlichkeit. Aber jede Missgestalt des Geistes ist hässlicher als die des Leibes, weil sie einer höheren Gattung von Schönheit widerstreitet. Allein, wer soll einer so großen und gänzlichen Verstimmung zu Hilfe kommen? Wo die große Obhut seiner selbst fehlt, ist keine Leitung mehr möglich: und an die Stelle eines nachdenkenden Bemerkens des fremden Spottes, ist der falsche Dünkel eines eingebildeten Beifalls getreten.

169. Mehr darauf wachen, nicht ein Mal zu fehlen, als hundert Mal zu treffen

Nach der strahlenden Sonne sieht keiner, aber alle nach der verfinsterten. Die gemeine Kritik der Welt wird dir nicht, was dir gelungen, sondern was du verfehlt hast nachrechnen. Die üble Nachrede trägt den Ruf der Schlechten weiter, als der erlangte Beifall den der Guten. Viele kannte die Welt nicht eher, als bis sie sich vergangen hatten. Alle gelungenen Leistungen eines Mannes zusammengenommen sind nicht hinreichend, einen einzigen und kleinen Makel auszulöschen. Also komme jeder vom Irrtum hierüber zurück, und wisse, dass alles, was er je schlecht gemacht, jedoch nichts von dem, was er gut gemacht, von den Übelwollenden angemerkt werden wird.

170. Bei allen Dingen stets etwas in Reserve haben

Dadurch sichert man seine Bedeutsamkeit. Nicht alle seine Fähigkeiten und Kräfte soll man sogleich und bei jeder Gelegenheit anwenden. Auch im Wissen muss es eine *Arriere-Garde*[17] geben: man verdoppelt dadurch seine Vollkommenheiten. Stets muss man etwas haben, wozu man, bei der Gefahr eines schlechten Ausgangs, seine Zuflucht nehmen kann. Der Entsatz leistet mehr als der Angriff; weil er Wert und Ansehn hervorhebt. Der Kluge geht stets mit Sicherheit zu Werke: und auch in der hier betrachteten Rücksicht gilt jenes pikante Paradoxon: »Mehr ist die Hälfte, als das Ganze.«[18]

---

[17] *Arriere-Garde* (franz.): Nachhut; eigenständige Militäreinheit in Reserve

[18] *»Mehr ist die Hälfte als das Ganze«, i. S. v. »Die Hälfte ist manchmal mehr als das Ganze.«* Der Ausspruch wird dem griechischen Dichter Hesiod (um 700 v. Chr.) zugeschrieben.

171. Die Gunst nicht verbrauchen

Die großen Gönner sind für die großen Gelegenheiten. Ein großes Zutrauen soll man nicht zu kleinen Dingen in Anspruch nehmen: denn das hieße die Gunst vergeuden. Das heilige Anker bleibe stets für die äußerste Gefahr aufbewahrt. Wenn man zu geringen Zwecken das Große missbraucht, was wird dann nachmals übrigbleiben? Keine Sache hat höhern Wert, als Beschützer; und nichts ist heut zu Tage kostbarer, als die Gunst: sie baut die Welt auf und zerstört sie: sogar Geist kann sie geben und nehmen. So günstig Natur und Ruhm den Weisen sind, so neidisch ist gegen sie gewöhnlich das Glück. Es ist wichtiger, sich die Gunst der Mächtigen zu erhalten, als Gut und Habe.

172. Sich nicht mit dem einlassen, der nichts zu verlieren hat

Denn dadurch geht man einen ungleichen Kampf ein. Der andre tritt sorglos auf: denn er hat sogar die Scham verloren, ist mit *Allem* fertig geworden und hat weiter nichts zu verlieren. Daher wirft er sich zu jeder Ungebührlichkeit auf. So schrecklicher Gefahr darf man nie seinen unschätzbaren Ruf aussetzen, der so viele Jahre zu erwerben gekostet hat und jetzt in *einem* Augenblick verloren gehen kann, indem ein einziger schmählicher Unfall so vielen heißen Schweiß vergeblich machen würde. Der Mann von Pflicht- und Ehr-Gefühl nimmt Anstand, weil er viel zu verlieren hat: er zieht sein Ansehn und dann das des *Andern* in Erwägung: nur mit Behutsamkeit lässt er sich ein und geht dann mit solcher Zurückhaltung zu Werke, dass die Vorsicht Raum behält, sich zu rechter Zeit zurückzuziehen und sein Ansehn in Sicherheit zu bringen. Denn nicht einmal durch einen glücklichen Ausgang würde er das gewinnen, was er schon dadurch verloren hätte, dass er sich einem unglücklichen aussetzte.

173. Nicht von Glas sein im Umgang, noch weniger in der Freundschaft

Einige brechen ungemein leicht, wodurch sie ihren Mangel an Bestand zeigen. Sich selbst erfüllen sie mit vermeintlichen Beleidigungen und die andern mit Widerwillen. Die Beschaffenheit ihres Gemüts ist zarter als die ihres Augensterns, da sie weder im Scherz noch im Ernst eine Berührung duldet. Die unbedeutendsten Kleinigkeiten beleidigen sie: es bedarf keiner Ausfälle. Wer mit ihnen umgeht, muss mit der äußersten Behutsamkeit verfahren, stets ihre Zartheit berücksichtigen und sogar ihre Miene beobachten, da der geringste Übelstand ihnen Verdruss erregt. Dies sind meistens sehr eigene Leute, Sklaven ihrer Laune, der zu Liebe sie alles über den Haufen würfen, und Götzendiener ihrer eingebildeten Ehre. Dagegen ist das Gemüt eines Liebenden hart und ausdauernd, wie ein Diamant, und daher ein Amant[19] ein halber Diamant zu nennen.

174. Nicht hastig leben

Die Sachen zu verteilen wissen, heißt sie zu genießen verstehn. Viele sind mit ihrem Glück früher als mit ihrem Leben zu Ende: sie verderben sich die Genüsse, ohne ihrer froh zu werden: und nachher möchten sie umkehren, wenn sie ihres weiten Vorsprungs inne werden. Sie sind Postillione des Lebens, die zu dem allgemeinen raschen Lauf der Zeit noch das ihnen eigene Stürzen hinzufügen. Sie möchten in *einem* Tage verschlingen, was sie kaum im ganzen Leben verdauen könnten. Vor den Freuden des Lebens sind sie immer voraus, verzehren schon die kommenden Jahre, und da sie so eilig sind, werden sie schnell mit allem fertig. Man soll sogar im Durst nach Wissen ein Maß beobachten, damit man nicht die Dinge lerne, welche es besser wäre nicht zu wissen. Wir haben mehr Tage als Freuden zu erleben. Man sei langsam im Genießen, schnell im Wirken: denn die Geschäfte sieht man gern, die Genüsse ungern beendigt.

175. Ein Mann von Gehalt sein:

... und wer es ist, findet kein Genüge an denen, die es nicht sind. Ein elendes Ding ist äußeres Ansehn, welchem kein innerer Gehalt zugrunde liegt. Nicht alle, die ganze Leute zu sein scheinen, sind es; vielmehr sind manche trügerisch: von Schimären geschwängert gebären sie Betrügereien, wobei sie von andern, ihnen ähnlichen unterstützt werden, welche am Ungewissen, welches ein Betrug verheißt, weil es recht viel ist, mehr Gefallen finden, als am Sichern, welches eine Wahrheit verspricht, weil es nur wenig ist. Am Ende nehmen ihre Hirngespinste ein schlechtes Ende, weil sie ohne feste und tüchtige Grundlage waren. Ein Betrug macht viele andre notwendig, daher denn das ganze Gebäude schimärisch ist, und, weil in der Luft erbaut, notwendig zur Erde herabfallen muss. Falsch angelegte Dinge sind nie von Bestand: schon dass sie so viel verheißen, muss sie verdächtig machen; wie das, was zu viel beweist, selbst nicht richtig sehn kann.

---

[19] *Amant* (lat., franz.): Liebhaber, Liebender

176. Einsicht haben, oder den anhören, der sie hat

Ohne Verstand, eigenen oder geborgten, lässt sich's nicht leben. Allein viele wissen nicht, dass sie nichts wissen, und andre glauben zu wissen, wissen aber nichts. Gebrechen des Kopfs sind unheilbar, und da die Unwissenden sich nicht kennen, suchen sie auch nicht was ihnen abgeht. Manche würden weise sein, wenn sie nicht es zu sein glaubten. Daher kommt es, dass, obwohl die Orakel der Klugheit selten sind, diese dennoch unbeschäftigt leben, weil keiner sie um Rat fragt. Sich beraten, schmälert nicht die Größe und zeugt nicht vom Mangel eigner Fähigkeit, vielmehr ist, sich gut beraten, ein Beweis derselben. Man überlege mit der Vernunft, damit man nicht widerlegt werde vom unglücklichen Ausgang.

177. Den vertraulichen Fuß im Umgang ablehnen

Weder sich, noch andern darf man ihn erlauben. Wer sich auf einen vertraulichen Fuß setzt, verliert sogleich die Überlegenheit, welche seine Untadelhaftigkeit ihm gab, und in Folge davon auch die Hochachtung. Die Gestirne, weil sie mit uns sich nicht gemein machen, erhalten sich in ihrem Glanz. Das Göttliche gebietet Ehrfurcht. Jede Leutseligkeit bahnt den Weg zur Geringschätzung. Es ist mit den menschlichen Dingen so, dass, je mehr man sie besitzt und hält, desto weniger hält man von ihnen: denn die offene Mitteilung legt die Unvollkommenheit offen dar, welche die Behutsamkeit bedeckte. Mit niemandem ist es ratsam sich auf einen vertrauten Fuß zu setzen, nicht mit Höheren, weil es gefährlich, nicht mit Geringeren, weil es unschicklich ist, am wenigsten aber mit gemeinen Leuten, weil sie aus Dummheit verwegen sind, und die Gunst, welche man ihnen erzeigt, verkennend, solche für Schuldigkeit halten. Die große Leutseligkeit ist der Gemeinheit verwandt.

178. Seinem Herzen glauben

Zumal wenn es erprobt ist: dann versage man ihm nicht das Gehör, da es oft das vorherverkündet, woran am meisten gelegen. Es ist ein Haus-Orakel. Viele sind durch das umgekommen, was sie stets gefürchtet hatten: was half aber das Fürchten, wenn sie nicht vorbeugten. Manche haben, als einen Vorzug ihrer begünstigten Natur, ein recht wahrhaftes Herz, welches sie allemal warnt und Lärm schlägt, wann Unglück droht, damit man ihm vorbeuge. Es zeugt nicht von Klugheit, dass man den Übeln entgegengeht; es sei denn um sie zu überwinden.

179. Die Verschwiegenheit ist der Stempel eines fähigen Kopfes

Eine Brust ohne Geheimnis ist ein offner Brief. Wo der Grund tief ist, liegen auch die Geheimnisse in großer Tiefe: denn da gibt es weite Räume und Höhlungen, in welche die Dinge von Wichtigkeit versenkt werden. Die Verschwiegenheit entspringt aus einer mächtigen Selbstbeherrschung, und sich in diesem Stücke zu überwinden, ist ein wahrer Triumph. So vielen man sich entdeckt, so vielen macht man sich zinsbar. In der gemäßigten Stimmung des Innern besteht die Gesundheit der Vernunft. Die Gefahren, mit welchen die Verschwiegenheit zu kämpfen hat, sind die mancherlei Versuche der andern, das Widersprechen, in der Absicht sie dadurch zu verleiten, die Stichelreden, um etwas aufzujagen: bei welchem *Allem* der Aufmerksame verschlossener als je wird. Das, was man tun soll, muss man nicht sagen; und das, was man sagen soll, muss man nicht tun.

180. Nie sich nach dem richten, was der Gegner jetzt zu tun hätte

Der Dumme wird nie das tun, was der Kluge angemessen erachtet, weil er das Passende nicht herausfindet: ist er hingegen ein wenig klug; so wird er einen Schritt, den der andre vorhergesehen, ja ihm vorgebaut hat, grade deshalb nicht ausführen. Man muss die Sachen von beiden Gesichtspunkten aus durchdenken, sie sorgfältig von beiden Seiten betrachten und sie zu einem doppelten Ausgang vorbereiten. Die Urteile sind verschieden: der Unentschiedene bleibe aufmerksam und nicht sowohl auf das, was geschehn wird, als auf das, was geschehn kann, bedacht.

181. Ohne zu lügen, nicht alle Wahrheiten sagen

Nichts erfordert mehr Behutsamkeit als die Wahrheit: sie ist ein Aderlass des Herzens. Es gehört gleich viel dazu, sie zu sagen und sie zu verschweigen zu verstehn. Man verliert durch eine einzige Lüge den ganzen Ruf seiner Unbescholtenheit. Der Betrug gilt für ein Vergehn und der Betrüger für falsch, welches noch schlimmer ist. Nicht alle Wahrheiten kann man sagen, die einen nicht, unser selbst wegen, die andern nicht, des andern wegen.

182. Ein Gran Kühnheit bei allem, ist eine wichtige Klugheit

Man muss seine Meinung von anderen mäßigen, um nicht so hoch von ihnen zu denken, dass man sich vor ihnen fürchte. Nie bemächtige sich die Einbildungskraft des Herzens. Viele scheinen gar groß, bis man sie persönlich kennenlernt: dann aber dient ihr Umgang mehr, die Täuschung zu zerstören, als die Wertschätzung zu erhöhen. Keiner überschreitet die engen Grenzen der Menschheit: Alle haben ihr Gebrechen, bald im Kopfe, bald im Herzen. Amt und Würde gibt eine scheinbare Überlegenheit, welche selten von der persönlichen begleitet wird: denn das Schicksal pflegt sich an der Höhe des Amtes durch die Geringfügigkeit der Verdienste zu rächen. Die Einbildungskraft ist aber immer im Vorsprung und malt die Sachen viel herrlicher, als sie sind: sie stellt sich nicht bloß vor, was ist, sondern auch was sein könnte. Die durch so viele Erfahrungen von Täuschungen zurückgebrachte Vernunft weise jene zurecht. Doch soll so wenig die Dummheit verwegen, als die Tugend furchtsam sein. Und wenn sogar der Einfalt ihr Selbstvertrauen oft durchhalf; wie viel mehr dem Werte und dem Wissen.

183. Nichts gar zu fest ergreifen

Jeder Dumme ist fest überzeugt; und jeder fest Überzeugte ist dumm: je irriger sein Urteil, desto größer sein Starrsinn. Sogar wo man augenfällig Recht hat, steht es schön an, nachzugeben: denn die Gründe, die wir für uns haben, sind nicht unbekannt, und nun sieht man unsre Artigkeit. Man verliert mehr durch ein halsstarriges Behaupten, als man durch den Sieg gewinnen kann; denn das heißt nicht ein Verfechter der Wahrheit, sondern der Grobheit sein. Es gibt eiserne Köpfe, die im höchsten und äußersten Grade schwer zu überzeugen sind: kommt nun zum Festüberzeugtsein noch der grillenhafte Eigensinn: so gehn beide eine unzertrennliche Verbindung mit der Narrheit ein. Die Festigkeit gehört in den Willen; nicht in den Verstand. Doch gibt es Fälle, die hiervon eine Ausnahme gestatten, wo man nämlich verloren wäre, wenn man sich doppelt, erst im Urteil und in Folge davon in der Ausführung besiegen ließe.

184. Nicht zeremoniös sein

Sogar in einem König war die Affektation hierin als eine Sonderbarkeit weltkundig. Wer in diesem Punkte kritisch ist, macht sich lästig: und doch haben ganze Nationen diese Eigenheit. Das Kleid der Narrheit ist aus solchen Dingen zusammengenäht: Leute dieses Schlages sind Götzendiener ihrer Ehre und zeigen doch, dass sie auf wenig gegründet ist, da sie fürchten, dass alles dieselbe verletzen könne. Es ist gut, auf Achtung zu halten: aber man gelte nicht für einen großen Zeremonienmeister. Allerdings ist es wahr, dass ein Mann ohne alle Umstände, ausgezeichneter Tugenden bedarf. Man soll die Höflichkeit weder affektieren noch verachten: es zeugt nicht von Größe, dass man in Kleinigkeiten eigen ist.

185. Nie sein Ansehn von der Probe eines einzigen Versuchs abhängig machen:

... denn missglückt er, so ist der Schaden unersetzlich. Es kann leicht kommen, dass man ein Mal fehlt, und besonders das erste. Zeit und Gelegenheit sind nicht immer günstig: daher man sagt, jemand habe seinen glücklichen Tag. Seinen zweiten Versuch stelle man durch Verbindung mit dem ersten sicher: dann wird, er mag gelingen oder missglücken, der erste seine Ehrenrettung sein. Immer muss man seine Zuflucht zu einer Verbesserung nehmen und sich auf ein Mehreres berufen können. Die Dinge hängen von gar vielen und mancherlei Zufälligkeiten ab; daher eben der glückliche Ausgang so selten ist.

186. Fehler als solche erkennen, auch wenn sie in noch so hohem Ansehn stehen

Der Makellose verkenne das Laster nicht, auch wenn es sich in Gold und Seide kleidet: ja es wird bisweilen eine goldne Krone tragen, deshalb aber doch nicht weniger verwerflich sein. Die Sklaverei bleibt niederträchtig, so sehr man sie durch die Hoheit des Herrn beschönigen möchte. Die Laster können hoch stehn, sind aber deshalb doch nichts Hohes. Manche sehn, dass jener große Mann mit diesem oder jenem Fehler behaftet ist; aber sie sehn nicht, dass er keineswegs durch denselben ein großer Mann ist. Das Beispiel der Höhern hat eine solche Überredungskraft, dass es uns sogar zu Hässlichkeiten beredet, und selbst die des Gesichts von Schmeichlern bisweilen affektiert wurden, welche jedoch nicht begriffen, dass, wenn man bei den Großen gegen dergleichen die Augen verschließt, man es an den Geringen verabscheut.

187. Was Gunst erwirbt, selbst verrichten, was Ungunst, durch andre

Durch das Erstere gewinnt man die Liebe, durch das andre entgeht man dem Übelwollen. Dem großen Mann gibt Gutes tun mehr Genuss, als Gutes empfangen: ein Glück seines Edelmuts. Nicht leicht wird man anderen Schmerz verursachen, ohne, entweder durch Mitleid, oder durch Vergeltung, selbst wieder Schmerz zu erdulden. Von Oben kann man nur durch Lohn oder Strafe wirken: da erteile man das Gute unmittelbar, das Schlimme mittelbar. Man habe jemanden, auf den die Schläge der Unzufriedenheit, welches Hass und Schmähungen sind, treffen. Denn die Wut des Pöbels gleicht der der Hunde: die Ursache ihres Leidens verkennend, wendet sie sich wider das Werkzeug, welches, wiewohl nicht die Hauptschuld tragend, für die unmittelbare büßen muss.

188. Löbliches zu berichten haben

Es erhöht die gute Meinung von unserm Geschmack, indem es anzeigt, dass derselbe anderwärts das Vortreffliche kennen gelernt hat und daher auch hier es zu schätzen wissen wird: denn wer vordem Vollkommenheiten zu würdigen gewusst hat, wird ihnen auch nachmals Gerechtigkeit widerfahren lassen. Zudem gibt es Stoff zur Unterhaltung, zur Nachahmung, und befördert lobenswerte Kenntnisse. Man erzeigt dadurch, auf eine sehr feine Weise, den gegenwärtigen Vollkommenheiten eine Höflichkeit. Andre machen es umgekehrt: sie begleiten ihre Erzählung immer mit Tadel und wollen dem Gegenwärtigen durch Herabsetzung des Abwesenden schmeicheln. Dies glückt ihnen bei oberflächlichen Leuten, welche nicht innewerden, wie listig sie, bei einem Jeden, recht schlecht vom andern reden. Manche haben die Politik, die Mittelmäßigkeiten des heutigen Tages höher zu schätzen, als die vortrefflichsten Leistungen des gestrigen. Der Aufmerksame durchschaue alle diese Schliche und lasse sich weder durch die übertriebenen Erzählungen der Einen mutlos machen, noch durch die Schmeicheleien der andern aufblasen; sondern sehe ein, dass Jene sich an *einem* Ort grade so, wie am andern benehmen, ihre Meinungen vertauschen und sich stets nach dem Ort richten, an welchem sie eben sind.

189. Sich den fremden Mangel zu Nutze machen,

... denn erzeugt er den Wunsch, so wird er zur wirksamsten Daumenschraube. Die Philosophen haben gesagt, der Mangel, oder die Privation, sei nichts: die Politiker aber meinten, er sei *Alles*. Letztere haben es am besten verstanden. Manche wissen aus dem Wunsch der andern eine Stufe zur Erreichung ihrer Zwecke zu machen. Sie benutzen die Gelegenheit und erregen jenen, durch Vorstellung der Schwierigkeit des Erlangens, den Appetit. Sie versprechen sich mehr von der Leidenschaftlichkeit der Sehnsucht, als von der Lauheit des Besitzes. Denn in dem Maße, als der Widerstand zunimmt, wird der Wunsch leidenschaftlicher. Andre in Abhängigkeit zu erhalten wissen, um seine Zwecke zu erreichen, ist eine große Feinheit.

190. In allem seinen Trost finden

Sogar die Unnützen mögen ihn darin finden, dass sie unsterblich sind. Kein Kummer ohne seinen Trost. Für die Dummen ist es einer, dass sie Glück haben: auch das Glück hässlicher Weiber ist sprichwörtlich geworden. Um lange zu leben, ist ein gutes Mittel, wenig zu taugen. Das brüchige Gefäß ist stets das, was nie vollends zerbricht, sondern durch seine Dauer Überdruss erregt. Gegen die wichtigsten Menschen scheint das Schicksal Neid zu hegen, da es den unnützesten Leuten die längste, den wichtigsten die kürzeste Lebensdauer verleiht. Alle, an denen viel gelegen, nehmen bald ein Ende; aber der, welcher Keinem etwas nützt, lebt ewig: teils, weil es uns so vorkommt, teils, weil es wirklich so ist. Dem Unglücklichen scheint es, dass das Glück und der Tod sich verschworen haben, ihn zu vergessen.

191. Nicht an der großen Höflichkeit sein Genügen haben,

... denn sie ist eine Art Betrug. Einige bedürfen, um hexen zu können, nicht der Kräuter Thessaliens: denn mit dem schmeichelhaften Hutabziehen allein bezaubern sie eitele Dummköpfe. Ehrenbezeugungen sind ihre Münze und sie bezahlen mit dem Hauch schöner Redensarten. Wer *Alles* verspricht, verspricht nichts: aber Versprechungen sind die Falle für die Dummen. Die wahre Höflichkeit ist Schuldigkeit, die affektierte, zumal die ungebräuchliche, Betrug: sie ist nicht Sache des Anstands; sondern ein Mittel, andre abhängig zu machen. Ihr Bückling gilt nicht der Person, sondern deren Glücksumständen, und ihre Schmeichelei nicht den etwa erkannten Trefflichkeiten, sondern den erhofften Vorteilen.

192. Friedfertig leben, lange leben

Um zu leben, leben lassen. Die Friedfertigen leben nicht nur; sie herrschen. Man höre, sehe und schweige. Der Tag ohne Streit bringt ruhigen Schlaf in der Nacht. Lange leben und angenehm leben, heißt für Zwei leben, und ist die Frucht des Friedens. Alles hat der, welcher sich aus dem nichts macht, woran ihm nichts liegt. Keine größre Verkehrtheit, als sich *Alles* zu Herzen nehmen. Gleich große Torheit, dass uns das Herz durchbohre, was uns nicht angeht, und dass wir uns nicht kümmern wollen um das, was wichtig für uns ist.

193. Dem aufpassen, der mit der fremden Angelegenheit auftritt, um mit der eigenen abzuziehen

Gegen die List ist die beste Vormauer die Aufmerksamkeit. Für seine Schliche, eine feine Nase. Viele machen aus ihrer eigenen Angelegenheit eine fremde: und ohne den Schlüssel zur Zifferschrift ihrer Absichten, wird man bei jedem Schritt in den Fall kommen, den fremden Vorteil, zum großen Schaden seiner Hand, aus dem Feuer holen zu müssen.

194. Von sich und seinen Sachen vernünftige Begriffe haben,

... zumal beim Antritt des Lebens. Jeder hat eine hohe Meinung von sich, am meisten aber die, welche am wenigsten Ursache haben. Jeder träumt sich sein Glück und hält sich für ein Wunder. Die Hoffnung macht die übertriebensten Versprechungen, welche nachher die Erfahrung durchaus nicht erfüllt. Dergleichen eitle Einbildungen werden eine Quelle der Qualen, wann einst die wahrhafte Wirklichkeit die Täuschung zerstört. Der Kluge komme solchen Verirrungen zuvor: er mag immerhin das Beste hoffen; jedoch erwarte er stets das Schlimmste, um was kommen wird mit Gleichmut zu empfangen. Zwar ist es geschickt, etwas zu hoch zu zielen, damit der Schuss richtig treffe; jedoch nicht so sehr, dass man den Antritt seiner Laufbahn darüber ganz verfehle. Diese Berichtigung der Begriffe ist schlechterdings notwendig: denn vor der Erfahrung ist die Erwartung meistens sehr ausschweifend. Die beste Universalmedizin gegen alle Torheiten ist die Einsicht. Jeder erkenne die Sphäre seiner Tätigkeit und seines Standes: dann wird er seine Begriffe nach der Wirklichkeit berichtigen.

195. Zu schätzen wissen

Es gibt keinen, der nicht in irgendetwas der Lehrer des andern sein könnte: und jeder, der andere übertrifft, wird selbst noch von jemandem übertroffen werden. Von jedermann Nutzen zu ziehn verstehn, ist ein nützliches Wissen. Der Weise schätzt alle, weil er in Jedem das Gute erkennt und weiß, wie viel dazu gehört, eine Sache gut zu machen. Der Dumme verachtet alle, weil er das Gute nicht kennt und das Schlechtere erwählt.

196. Seinen Glücksstern kennen

Niemand ist so hilflos, dass er keinen hätte: und ist er unglücklich; so ist es, weil er ihn nicht kennt. Einige stehen bei Fürsten und Mächtigen in Ansehn, ohne zu wissen, wie oder weshalb, als nur, dass eben ihr Schicksal ihnen diese Gunst leicht machte, wobei der Bemühung bloß das Nachhelfen blieb. Andre besitzen die Gunst der Weisen. Mancher fand bei *einer* Nation bessere Aufnahme, als bei der andern, und war in dieser Stadt lieber gesehn, als in jener. Ebenso hat man oft mehr Glück in *einem* Amt oder Stand, als in den übrigen; und alles dieses bei Gleichheit, ja Einerleiheit der Verdienste. Das Schicksal mischt die Karten, wie und wann es will. Jeder kenne seinen Glücksstern, eben wie auch sein Talent: denn hiervon hängt es ab, ob er sein Glück macht oder verscherzt. Er wisse seinem Stern zu folgen, ihm nachzuhelfen und hüte sich ihn zu vertauschen: denn das wäre, wie wenn man den Polarstern verfehlt, auf welchen doch der nahe *Kleine Bär* hindeutet.

197. Sich keine Narren auf den Hals laden:

... wer sie nicht kennt, ist selbst einer, noch mehr der, welcher sie kennt und nicht von sich abhält. Für den oberflächlichen Umgang sind sie gefährlich, für den vertrauten verderblich. Und wenn auch ihre eigene Behutsamkeit und fremde Sorgfalt sie eine Zeit lang in Schranken hält; so begehen oder sagen sie zuletzt doch eine Dummheit, und haben sie so lange gewartet, so war es, damit sie desto ansehnlicher ausfiele. Schlecht wird das fremde Ansehn unterstützen, wer selbst keines hat. Sie sind sehr unglücklich, welches das der Narrheit beigegebene Leiden ist und sich mit ihr wechselseitig ausgleicht. Nur eines ist an ihnen so übel nicht, und das ist, dass obgleich für sie die Klugen von keinem Nutzen sind, sie hingegen von vielem für die Weisen, teils zur Erkenntnis, teils zur Übung.

198. Sich zu verpflanzen wissen

Es gibt Nationen, die um zu gelten, versetzt werden müssen; zumal in Hinsicht auf hohe Stellen. Das Vaterland ist allemal stiefmütterlich gegen ausgezeichnete Talente: denn in ihm, als dem Boden, dem sie entsprossen, herrscht der Neid, und man erinnert sich mehr der Unvollkommenheit, mit der jemand anfing, als der Größe, zu der er gelangt ist. Eine Nadel konnte Wertschätzung erhalten, nachdem sie von *einer* Welt zur andern gereist war, und ein Glas, weil es in ein andres Land gebracht worden, machte den Diamanten geringgeschätzt. Alles Fremde wird geachtet, teils weil es von Ferne kommt, teils weil man es ganz fertig und in seiner Vollkommenheit erhält. Leute hat man gesehn, die einst die Verachtung ihres Winkels waren und jetzt die Ehre der Welt sind, hochgeschätzt von ihren Landsleuten und von den Fremden, von jenen, weil sie sie von Weitem, von diesen, weil sie sie als weither sehen. Nie wird der die Statue auf dem Altar gehörig verehren, der sie als einen Stamm im Garten gekannt hat.

199. Sich Platz zu machen wissen, als ein Kluger, nicht als ein Zudringlicher

Der wahre Weg zu hohem Ansehn ist das Verdienst, und liegt dem Fleiße echter Wert zugrunde; so gelangt man am kürzesten dahin. Bloße Makellosigkeit reicht nicht aus, bloßes Mühen und Treiben ist unwürdig, denn dadurch langen die Sachen so mit Kot bespritzt an, dass der Ekel ihrem Ansehn schadet. Die Sache ist ein Mittelweg zwischen verdienen und sich einzuführen verstehn.

200. Etwas zu wünschen übrighaben,

... um nicht vor lauter Glück unglücklich zu sein. Der Leib will atmen, und der Geist streben. Wer *Alles* besäße, wäre über *Alles* enttäuscht und missvergnügt. Sogar dem Verstand muss etwas zu wissen übrigbleiben, was die Neugier lockt und die Hoffnung belebt. Übersättigungen an Glück sind tödlich. Beim Belohnen ist es eine Geschicklichkeit, nie gänzlich zufrieden zu stellen. Ist nichts mehr zu wünschen; so ist alles zu fürchten: unglückliches Glück! wo der Wunsch aufhört, beginnt die Furcht.

201. Narren sind alle, die es scheinen, und die Hälfte derer, die es nicht scheinen

Die Narrheit ist mit der Welt davongelaufen: und gibt es noch einige Weisheit, so ist sie Torheit vor der himmlischen. Jedoch ist der größte Narr, wer es nicht zu sein glaubt und alle andern dafür erklärt. Um weise zu sein, reicht nicht hin, dass man es scheine, am wenigsten sich selber. Der weiß, welcher nicht denkt, dass er wisse: und der sieht nicht, der nicht sieht, dass die andern sehn. Und obschon die Welt voll Narren ist, so ist keiner darunter, der es von sich dächte, ja nur argwöhnte.

202. Reden und Taten machen einen vollendeten Mann

Sagen soll man was vortrefflich und tun was ehrenvoll ist: das Eine zeigt die Vollkommenheit des Kopfes, das andere die des Herzens, und beide gehen aus der Erhabenheit der Seele hervor. Die Reden sind der Schatten der Taten; jene sind weiblicher, diese männlicher Natur. Besser gerühmt zu sein, als ein Rühmer. Das Sagen ist leicht, das Tun schwer. Die Taten sind die Substanz des Lebens, die Reden sein Schmuck. Das Ausgezeichnete in Taten ist bleibend, das in Reden vergänglich. Die Handlungen sind die Frucht der Gedanken: waren diese weise; so sind jene erfolgreich.

203. Das ausgezeichnet Große seines Jahrhunderts kennen

Es wird desselben nicht viel sein: ein Phönix in einer ganzen Welt, ein großer Feldherr, ein vollkommner Redner, ein Weiser in einem ganzen Jahrhundert, ein großer König in vielen. Das Mittelmäßige ist sehr gewöhnlich, sowohl der Zahl als der Wertschätzung nach; hingegen das ausgezeichnet Große selten in jeder Hinsicht, weil es vollendete Vollkommenheit erfordert, und je höher die Gattung, desto schwieriger ist das Höchste in ihr. Viele haben den Beinamen der Großen, der dem Cäsar und Alexander gehört, angenommen, aber vergeblich, da ohne die Taten das Wort ein bloßer Hauch ist. Wenige Senecas hat es gegeben und nur *einen* Apelles kannte die Welt.

204. Man unternehme das Leichte, als wäre es schwer, und das Schwere, als wäre es leicht

Jenes, damit das Selbstvertrauen uns nicht sorglos, dieses, damit die Zaghaftigkeit uns nicht mutlos mache. Damit eine Sache nicht getan werde, bedarf es nur, dass man sie als schon getan betrachte: und im Gegenteil macht Fleiß und Anstrengung das Unmögliche möglich. Die großen Obliegenheiten darf man sogar nicht bedenken, damit der Anblick der Schwierigkeit nicht unsre Tatkraft lähme.

205. Die Verachtung zu handhaben verstehen

Um die Sachen zu erlangen, ist ein schlauer Kunstgriff, dass man sie geringschätze: gewöhnlich wird man ihrer nicht habhaft, wann man sie sucht, und nachher, wann man nicht darauf achtet, fallen sie uns von selbst in die Hand. Da alle Dinge dieser Welt ein Schatten der ewigen Dinge sind; so haben sie mit dem Schatten auch diese Eigenschaft gemein, dass sie den fliehen, der ihnen folgt, und dem folgen, der vor ihnen flieht. Die Verachtung ist ferner auch die klügste Rache; es ist feste Maxime der Weisen, sich nicht mit der Feder zu verteidigen: denn solche Verteidigung lässt eine Spur nach und schlägt mehr in Verherrlichung der Widersacher, als in Züchtigung ihrer Verwegenheit aus. Es ist ein Kniff der Unwürdigen, als Gegner großer Männer aufzutreten, um auf indirektem Wege zu der Berühmtheit zu gelangen, welcher sie auf dem direkten, durch Verdienste, nie teilhaft geworden wären: und von vielen würden wir nie Kunde erhalten haben, hätten ihre ausgezeichneten Gegner sich nicht um sie gekümmert. Keine Rache tut es dem Vergessen gleich, durch welches sie im Staube ihres Nichts begraben werden. Solche Verwegene wähnen sich dadurch unsterblich zu machen, dass sie an die Wunder der Welt und der Jahrhunderte Feuer anlegen. Die Kunst die Verleumdung zu beschwichtigen ist sie unbeachtet zu lassen; gegen sie ankämpfen, bringt Nachteil: und eine Herstellung unsers Ansehns, die es schmälert, ist den Gegnern wohlgefällig: denn selbst jener Schatten eines Makels benimmt unserm Ruhm seinen Glanz, wenn er ihn auch nicht ganz verdunkeln kann.

206. Man soll wissen, dass es Pöbel überall gibt,

... selbst im schönen Korinth, in der auserlesensten Familie: Jeder macht ja die Erfahrung in seinem eigenen Hause. Nun gibt es aber Pöbel und Gegen-Pöbel, der noch schlimmer ist: dieser spezielle teilt mit dem allgemeinen alle Eigenschaften, wie die Stücke des zerbrochenen Spiegels: er ist aber schädlicher: er redet dumm, tadelt verkehrt, ist ein großer Schüler der Unwissenheit, Gönner und Patron der Narrheit und Bundesgenosse der Klatscherei: man beachte nicht was er sagt, noch weniger was er denkt. Es ist wichtig, ihn zu kennen, um sich von ihm zu befreien: denn jede Dummheit ist Pöbelhaftigkeit, und der Pöbel besteht aus den Dummen.

207. Sich mäßigen

Man soll einen Fall wohl überlegen, zumal einen Unfall. Die Anwandlungen der Leidenschaft sind das Glatteis der Klugheit, und hier liegt die Gefahr, sich ins Verderben zu stürzen. Von *einem* Augenblick der Wut oder der Fröhlichkeit wird man weiter geführt, als von vielen Stunden des Gleichmuts; und da bereitet manchmal eine kurze Weile die Beschämung des ganzen Lebens. Fremde Arglist legt oft absichtlich solche Versuchungen der Vernunft an, um eine Entdeckungsreise ins Innere des Geistes zu machen, und benutzt dergleichen Daumenschrauben der Geheimnisse, die im Stande sind den überlegensten Kopf aufs Äußerste zu treiben. Zur Gegenlist diene die Mäßigung, vorzüglich bei plötzlichen Fällen. Ein sehr überlegter Geist ist erfordert, wenn nicht ein Mal eine Leidenschaft das Gebiss zwischen die Zähne nehmen soll, und gewaltig klug muss der sein, der es zu Pferde bleibt (siehe Anmerk. zu Nr. 155). Wer die Gefahr begriffen hat, geht mit Behutsamkeit seinen Weg. So leicht ein Wort dem scheint, der es hinwirft, so schwer dem, der es aufnimmt und wiegt.

208. Nicht an der Narrenkrankheit sterben

Meistens sterben die Weisen, nachdem sie den Verstand verloren haben; die Narren hingegen ganz voll von gutem Rat. Wie ein Narr sterben, heißt, von zu vielem Denken sterben. Einige sterben, weil sie denken und empfinden; andere leben, weil sie nicht denken und empfinden: diese sind Narren, weil sie nicht vor Schmerz sterben, und jene, weil sie es tun. Ein Narr ist, wer an zu großem Verstande stirbt: demnach sterben einige, weil sie gescheit, und leben andre, weil sie nicht gescheit sind. Jedoch obgleich viele wie Narren sterben; so sterben doch wenige Narren.

209. Sich von allgemeinen Narrheiten freihalten,

... ist eine recht besondre Klugheit. Jene haben viel Gewalt, weil sie eben allgemein eingeführt sind, und mancher, welcher sich von keiner Privat-Narrheit überwältigen ließ, konnte doch der allgemeinen nicht entgehn. Es gehören dahin solche gemeine Vorurteile, wie dass keiner mit seinem Schicksal, und wäre es das beste, zufrieden, noch unzufrieden mit seinem Verstand ist, wäre er auch der schlechteste; ferner, dass alle, mit ihrem eigenen Glück unzufrieden, das fremde beneiden; sodann dass die Leute des heutigen Tages die Dinge von gestern loben, und die von hier die Dinge von dort: alles Vergangene scheint besser, alles Entfernte wird höher geschätzt. Wer über *Alles* lacht, ist ein eben so großer Narr, als wer sich über *Alles* betrübt.

210. Die Wahrheit zu handhaben verstehn

Sie ist ein gefährlich Ding: jedoch kann der rechtschaffene Mann nicht unterlassen sie zu sagen. Hier bedarf es nun der Kunst: geschickte Ärzte der Seele haben auf Arten sie zu versüßen gedacht; denn wenn sie auf Zerstörung einer Täuschung hinausläuft, ist sie die Quintessenz des Bittern. Die gute Manier wendet hier ihre Geschicklichkeit an: sie kann mit derselben Wahrheit dem Einen schmeicheln und den andern zu Boden werfen. Man handle die Sache der Gegenwärtigen in der der längst Vergangenen ab. Bei dem, der zu verstehn weiß, ist ein Wink hinreichend: Wäre aber nichts hinreichend; so tritt der Fall des Verstummens ein. Fürsten darf man nicht mit bittern Arzneien kurieren: deshalb ist es eine Kunst, die Enttäuschungen zu vergolden.

211. Im Himmel ist alles Wonne,

... in der Hölle *Alles* Jammer, in der Welt, als dem Mittleren, das Eine und das andre. Wir stehn zwischen zwei Extremen, und sind daher beider teilhaft. Das Schicksal wechselt: *Alles* soll nicht Glück, noch *Alles* Missgeschick sein. Diese Welt ist eine Null: für sich allein gilt sie nichts, aber mit dem Himmel in Verbindung gesetzt, viel. Gleichmut bei ihrem Wechsel ist vernünftig, und Neuheit ist nicht die Sache des Weisen. Unser Leben verwickelt sich in seinem Fortgang, wie ein Schauspiel, und entwickelt sich zuletzt wieder: daher sei man auf das gute Ende bedacht.

212. Die letzten Feinheiten der Kunst
stets zurückbehalten

Eine Maxime großer Meister, die ihre Klugheit, auch indem sie solche lehren, noch anwenden: immer muss man überlegen bleiben, immer Meister. Mit Kunst muss man die Kunst mitteilen und nie die Quelle der Belehrung erschöpfen, so wenig als die des Gebens. Dadurch wird man sein Ansehen und die fremde Abhängigkeit erhalten. Im Gefallen und im Belehren hat man jene große Vorschrift zu beachten, stets mit Bewunderung kirre zu erhalten und die Vollkommenheit immer weiter zu führen. Die Reserve bei allen Dingen ist eine große Regel zum Leben, zum Siegen und am meisten auf hohen Stellen.

213. Zu widersprechen verstehn

Eine große List zum Erforschen; nicht um sich, sondern um den andern in Verwicklung zu bringen. Die wirksamste Daumenschraube ist die, welche die Affekten in Bewegung setzt: daher ist ein wahres Vomitiv[20] für Geheimnisse die Lauheit im Glauben derselben: sie ist der Schlüssel zur verschlossensten Brust, und untersucht, mit großer Feinheit, zugleich den Willen und den Verstand. Eine schlaue Geringschätzung des mysteriösen Wortes, welches der andre fallen ließ, jagt die verborgensten Geheimnisse auf, bringt sie mit Süßigkeit in einzelnen Bissen zum Munde, bis sie auf die Zunge und von da ins Netz des künstlichen Betruges geraten. Die Zurückhaltung des Aufpassenden macht, dass die des andern die Vorsicht aus der Acht lässt, und so kommt seine Gesinnung an den Tag, wenn auch sein Herz auf andere Weise unerforschlich war. Ein erkünsteltes Zweifeln ist der feinste Dietrich, dessen die Neugier sich bedienen kann, um herauszubringen was sie verlangt. Auch beim Lernen sogar ist es eine gute List des Schülers, dem Lehrer zu widersprechen, der jetzt, von größerem Eifer hingerissen, sich tiefer in die Eröffnung des Grundes seiner Wahrheiten einlässt; sodass eine gemäßigte Bestreitung eine vollendete Belehrung veranlasst.

214. Nicht aus einem dummen Streich zwei machen

Es geschieht häufig, dass man, um einen zu verbessern, vier andere begeht, oder *eine* Ungehörigkeit durch eine größere gut machen will. Entweder ist die Torheit aus der Familie der Lüge, oder diese aus der jener; da beide dies gemein haben, dass jede einzelne, um sich aufrecht zu erhalten, viele andre notwendig macht. Schlimmer als die schlechte Anklage war stets die Inschutznahme derselben, und übler als das Übel selbst ist es, solches nicht verhehlen zu können. Es ist das Erbteil der Unvollkommenheiten, dass jede noch viele andre auf Zinsen gibt. Ein Versehen zu machen, kann dem gescheitesten Mann begegnen, jedoch nicht zwei; und selbst jenes nur im Lauf, nicht im Sitzen.

---

[20] *Vomitiv* (lat. Vomitivum): Brechmittel (mediz.)

215. Dem aufpassen, der mit der zweiten Absicht herankommt

Es ist eine List der Unterhändler, den fremden Willen einzuschläfern, um ihn anzugreifen: denn ist er umgangen, so ist er überwunden. Sie verhehlen ihre Absicht, um sie zu erreichen, und stellen sie zu hinterst, damit sie bei der Ausführung vorne zu stehn komme; und der Streich gelingt, wenn man ihn nicht bemerkt. Daher schlafe die Aufmerksamkeit nicht, da die Absichtlichkeit so sehr wach ist: und stellt diese sich nach hinten, um sich zu verstecken; so trete jene nach vorne, um sie zu erkennen. Die Vorsicht bemerke die Künste, mit denen so ein Mann von zwei Absichten herankommt, und sehe die Vorwände, die er, um seine wahre Absicht zu erreichen, aufstellt. Eins schlägt er vor, ein andres will er haben; plötzlich aber kehrt er es geschickt um, und trifft grade in das Weiße seiner Zielscheibe. Man wisse deshalb, was man ihm einräumt: und bisweilen wird es angemessen sein, ihm zu verstehn zu geben, dass man ihn verstanden hat.

216. Die Kunst des Ausdrucks besitzen

Sie besteht nicht nur in der Deutlichkeit, sondern auch in der Lebendigkeit des Vortrags. Einige haben eine glückliche Empfängnis, aber eine schwere Geburt: denn ohne Klarheit können die Kinder des Geistes, die Gedanken und Beschlüsse, nicht wohl zur Welt gebracht werden. Manche gleichen, in ihrer Fassungskraft, jenen Gefäßen, die zwar viel fassen, aber nur wenig von sich geben: andre wieder sagen sogar mehr, als sie gedacht haben. Was für den Willen die Entschlossenheit, ist für den Verstand die Gabe des Vortrags: zwei hohe Vorzüge. Die Köpfe, welche die Gabe lichtvoller Klarheit haben, erlangen Beifall; die verworrenen werden bisweilen verehrt, weil keiner sie versteht. Zu Zeiten ist es passend dunkel zu sein, um nicht gemein zu werden: allein wie sollen die Hörer den begreifen, der mit dem, was er sagt, eigentlich selbst keinen Begriff verknüpft?

217. Nicht auf immer lieben, noch hassen

Seinen heutigen Freunden traue man so, als ob sie morgen Feinde sein würden, und zwar die schlimmsten. Da dieses in der Wirklichkeit stattfindet; so finde es solche auch in der Vorkehr. Man gebe nicht den Überläufern der Freundschaft Waffen in die Hände, mit denen sie nachher den blutigsten Krieg führen. Dagegen stehe den Feinden beständig die Tür zur Versöhnung offen, und zwar sei es die des Edelsinns, als die sicherste. Manchem ist schon seine frühere Rache zur Qual geworden und die Freude über seinen verübten bösen Streich hat sich in Betrübnis verkehrt.

218. Nie aus Eigensinn handeln, sondern aus Einsicht

Jeder Eigensinn ist ein Auswuchs des Geistes, ein Erzeugnis der Leidenschaft, welche noch nie die Dinge richtig geleitet hat. Es gibt Leute, die aus *Allem* einen kleinen Krieg machen, wahre Banditen des Umgangs: alles was sie ausführen, soll zu einem Sieg werden und sie kennen kein friedliches Verfahren. Diese sind, wenn sie gebieten und herrschen, verderblich: denn sie machen aus der Regierung eine Faktion, und Feinde aus denen, die sie als ihre Kinder ansehen sollten. Sie wollen *Alles* durch Ränke vorbereiten und es sodann als die Frucht ihrer Künstelei erlangen. Allein wenn die Übrigen ihren verkehrten Sinn erkannt haben; so lehnt alles sich gegen sie auf, weiß ihre schimärischen Pläne zu stören und sie erlangen nichts, sondern tragen nur eine Last von Verdrießlichkeiten davon, indem alle helfen ihr Leidwesen zu vermehren. Diese haben einen verschrobenen Kopf und mitunter auch ein verruchtes Herz. Gegen Ungeheuer dieser Art ist weiter nichts zu tun, als sie zu fliehen und wäre es bis zu den Antipoden, deren Barbarei leichter zu ertragen sein wird, als die Abscheulichkeit jener.

219. Man gelte nicht für einen Mann von Verstellung,

... obgleich sich's ohne solche heutzutage nicht leben lässt. Für vorsichtig sei man gehalten, nicht für listig. Dass man schlicht in seinem Tun sei, ist allen angenehm, wiewohl es nicht jeder für sein eigenes Haus mag. Die Aufrichtigkeit gehe nicht in Einfalt über, und die Klugheit nicht in Arglist. Man sei lieber als ein Weiser geehrt, als wegen seiner Schlauheit gefürchtet. Die Offenherzigen werden geliebt, aber betrogen. Die größte Kunst bestehe darin, dass man bedecke was für Betrug gehalten wird. Im goldnen Zeitalter war die Gradheit an der Tagesordnung, in diesem eisernen ist es die Arglist. Der Ruf, ein Mann zu sein, welcher weiß was er zu tun hat, ist ehrenvoll und erwirbt Zutrauen; aber der eines verstellten Menschen ist verfänglich und erregt Misstrauen.

220. Wer sich nicht mit der Löwenhaut bekleiden kann, nehme den Fuchspelz

Der Zeit nachgeben, heißt sie überflügeln. Wer sein Vorhaben durchsetzt, wird nie sein Ansehen verlieren. Wo es mit der Gewalt nicht geht, mit der Geschicklichkeit. Auf einem Weg oder dem andern, entweder auf der Heerstraße der Tapferkeit, oder auf dem Nebenweg der Schlauheit. Mehr Dinge hat Geschick durchgesetzt, als Gewalt, und öfter haben die Klugen die Tapfern besiegt, als umgekehrt. Wenn man eine Sache nicht erlangen kann, ist es an der Zeit sie zu verachten.

221. Nicht leicht Anlass nehmen, sich oder andre in Verwicklungen zu bringen

Es gibt Leute, die beständig gegen die Wohlanständigkeit anstoßen, indem sie in sich oder in anderen den Anstand verletzen. Man kommt leicht mit ihnen zusammen und mit Unannehmlichkeit wieder auseinander. Hundert Verdrießlichkeiten des Tags sind ihnen wenig. Ihre Laune hat das Haar wider den Strich, daher sie *Allen* und *Jedem* widersprechen: sie haben sich den Verstand verkehrt angezogen, weshalb sie *Alles* verdammen. Jedoch sind die größten Versucher fremder Klugheit die, welche nichts gut machen und von *Allem* schlecht sprechen. Es gibt gar viele Ungeheuer im weiten Reich der Unziemlichkeit.

222. Zurückhaltung ist ein sicherer Beweis von Klugheit

Ein wildes Tier ist die Zunge: hat sie sich ein Mal losgerissen; so fällt es schwer sie wieder anzuketten: sie ist der Puls der Seele, an welchem die Weisen die Beschaffenheit derselben erkennen: an diesem Puls fühlt der Aufmerksame jede Bewegung des Herzens. Das Schlimmste ist, dass wer sich am meisten mäßigen sollte, es am wenigsten tut. Der Weise erspart sich Verdrießlichkeiten und Verwicklungen und zeigt seine Herrschaft über sich. Er geht seinen Weg behutsam, ein Janus an billigem Urteil, ein Argus an Scharfblick. Momus[21] hätte wahrlich noch eher die Augen in der Hand, als das Fensterchen auf der Brust vermissen sollen.

---

[21] *Momus*, auch Momos (griech. Mythologie): nach der Theogonie Hesiods war Momos, einer der Söhne der Nyx, ein nervtötender Kritiker und Spötter, und wurde deshalb schließlich aus dem Olymp verwiesen.

223. Weder aus Affektation, noch aus Unachtsamkeit, etwas ganz Besonderes an sich haben

Manche haben auffallende Sonderbarkeiten an sich, mit verrückten Gebärden. Dergleichen sind mehr Fehler als Auszeichnungen. Und wie nun einige wegen einer besonderen Hässlichkeit des Gesichts bekannt sind, so jene durch irgendetwas Anstößiges im äußerlichen Betragen. Dergleichen Sonderbarkeiten dienen bloß als Abzeichen, durch eine unschickliche Eigenheit, und erregen teils Gelächter, teils Widerwillen.

224. Die Dinge nie wider den Strich nehmen, wie sie auch kommen mögen

Alle haben eine rechte und eine Kehrseite und selbst das Beste und Günstigste verursacht Schmerz, wenn man es bei der Schneide ergreift, hingegen wird das Feindseligste zur schlitzenden Waffe, wenn beim Griff angefasst. Über viele Dinge hat man sich schon betrübt, über welche man sich würde gefreut haben, hätte man ihre Vorteile betrachtet. In allem liegt Günstiges und Ungünstiges; die Geschicklichkeit besteht im Herausfinden des Vorteilhaften. Dieselbe Sache nimmt sich, in verschiedenem Licht gesehen, gar verschieden aus: man betrachte sie also im günstigen Licht, und verwechsele nicht das Gute mit dem Schlimmen. Hieraus entsteht es, dass manche aus *Allem* Zufriedenheit, andre aus *Allem* Betrübnis schöpfen. Diese Betrachtung ist eine große Schutzwehr gegen die Widerwärtigkeiten des Geschicks und eine wichtige Lebensregel für alle Zeiten und alle Stände.

225. Seinen Hauptfehler kennen

Keiner lebt, der nicht das Gegengewicht seines glänzendsten Vorzugs in sich trüge: wird nun dasselbe noch von der Neigung begünstigt; so erlangt es eine tyrannische Gewalt. Man eröffne den Krieg dawider durch Aufrufen der Sorgfalt dagegen, und der erste Schritt sei, seinen Hauptfehler sich offenbar zu machen: denn ein Mal erkannt, wird er bald besiegt sein, vorzüglich wenn der damit Behaftete ihn ebenso deutlich auffasst, wie die Beobachter. Um Herr über sich zu sein, muss man sich gründlich kennen. Hat man erst jenen Anführer seiner Unvollkommenheiten zur Unterwerfung gebracht, werden alle übrigen nachfolgen.

226. Stets aufmerksam sein, Verbindlichkeiten zu erzeigen

Die Meisten reden nicht gewissenhaft, sondern je nachdem sie Verbindlichkeiten erhalten haben. Das Schlechte glaublich zu machen, ist jeder vollkommen hinreichend, weil alles Schlechte leicht Glauben findet, sollte es zu Zeiten auch unglaublich sein. Das Meiste und Beste was wir haben, hängt von der Meinung andrer ab. Einige lassen sich daran genügen, dass sie das Recht auf ihrer Seite haben: das ist aber nicht hinreichend; man muss ihm durch Bemühungen nachhelfen. Jemanden zu verbinden, kostet oft wenig und hilft viel. Mit Worten erkauft man Taten. In diesem großen Haus der Welt ist kein so unwürdiges Gerät, dass man es nicht wenigstens ein Mal im Jahre nötig haben sollte, und dann wird man, so wenig es auch wert sein mag, es sehr vermissen. Jeder redet von einem Gegenstand, gemäß seiner Neigung.

227. Nicht dem ersten Eindruck angehören

Einige vermählen sich gleichsam mit dem ersten Bericht, der ihnen zu Ohren kommt, sodass alle folgenden nur noch Konkubinen werden können. Da nun aber die Lüge allezeit vorauseilt; so findet nachher die Wahrheit keinen Raum. Weder darf unsern Willen der erste Gegenstand, noch unsern Verstand der erste Bericht einnehmen: denn das ist Geisteskleinheit. Manche sind wie neue Gefäße, welche von der ersten Flüssigkeit, sie sei gut oder schlecht, den Geruch behalten. Wird diese Kleinheit des Geistes nun gar bekannt; so ist sie verderblich: denn jetzt wird sie ein Spielraum boshafter Absichtlichkeit: Schlechtgesinnte beeilen sich den Leichtgläubigen mit ihrer Farbe zu erfüllen. Immer soll Raum bleiben für die zweite Untersuchung. Alexander bewahrte stets ein Ohr für die andere Partei auf. Es bleibe Raum für den zweiten und auch für den dritten Bericht. Das leichte Annehmen des Eindrucks zeugt von geringer Fähigkeit und ist nicht fern von der Leidenschaftlichkeit.

228. Kein Lästermaul sein

Noch weniger dafür gelten: denn das heißt, den Ruf eines Rufverderbers haben. Man sei nicht witzig auf fremde Kosten, welches weniger schwer, als verhasst ist. Alle rächen sich an einem solchen dadurch, dass auch sie schlecht von ihm reden: da nun aber ihrer Viele sind und er allein; so wird er eher überwunden, als sie überführt sein. Das Schlechte soll nie unsre

Freude und daher nicht unser Thema sein. Der Verleumder bleibt ewig verhasst: und sollte auch dann und wann ein Großer mit ihm reden; so wird es mehr geschehen, weil ihm sein Spott Spaß macht, als weil er seine Klugheit schätzte. Auch wird, wer Schlechtes spricht, stets noch Schlechteres hören müssen.

229. Sein Leben verständig einzuteilen verstehn

Nicht wie es die Gelegenheit bringt, sondern mit Vorhersicht und Auswahl. Ohne Erholungen ist es mühselig, wie eine lange Reise ohne Gasthöfe: mannigfaltige Kenntnisse machen es genussreich. Die erste Tagesreise des schönen Lebens verwende man zur Unterhaltung mit den Toten: wir leben, um zu erkennen und um uns selbst zu erkennen; also machen wahrhafte Bücher uns zu Menschen. Die zweite Tagesreise bringe man mit den Lebenden zu, indem man alles Gute auf der Welt sieht und anmerkt: in *einem* Land ist nicht *Alles* zu finden: der Vater der Welt hat seine Gaben verteilt, und bisweilen grade die Hässliche am reichsten ausgestattet. Die dritte Tagesreise hindurch gehöre man ganz sich selber an: das letzte Glück ist zu philosophieren.

230. Die Augen bei Zeiten öffnen

Nicht alle, welche sehn, haben die Augen offen; und nicht alle, welche um sich blicken, sehn. Zu spät hinter die Sachen kommen, dient nicht zur Abhilfe, wohl aber zur Betrübnis. Einige fangen erst an zu sehn, wenn nichts mehr zu sehn da ist, indem sie Haus und Hof zu Grunde richteten, ehe sie selbst zu Menschen wurden. Es ist schwer, dem Verstand beizubringen, der keinen Willen hat, und noch schwerer dem Willen, der keinen Verstand. Die sie umgeben, spielen mit ihnen, wie mit Blinden, zum Gelächter der Übrigen: und weil sie taub zum Hören sind, öffnen sie auch nicht die Augen zum Sehen. Auch fehlt es nicht an solchen, welche jenen Sinnenschlummer unterhalten, weil ihre Existenz darauf beruht, dass jene nicht seien. Unglückliches Pferd, dessen Herr keine Augen hat! es wird schwerlich fett werden.

231. Nie seine Sachen sehen lassen, wenn sie erst halb fertig sind:

... in ihrer Vollendung wollen sie genossen sein. Alle Anfänge sind ungestalt und nachmals bleibt diese Missgestalt in der Einbildungskraft zurück. Die Erinnerung, etwas im Zustand der Unvollkommenheit gesehn zu haben, verdirbt dessen Genuss, wenn es vollendet ist. Einen großen Gegenstand mit einem Mal zu genießen, verwirrt zwar das Urteil über die einzelnen Teile, ist aber doch allein dem Geschmack angemessen. Ehe eine Sache *Alles* ist, ist sie nichts: und indem sie zu sein anfängt, steckt sie noch tief in jenem ihren Nichts. Die köstlichste Speise zubereiten zu sehn, erregt mehr Ekel als Appetit. Deshalb verhüte jeder große Meister, dass man seine Werke im Embryonenzustand sehe: von der Natur selbst nehme er die Lehre an, sie nicht eher ans Licht zu bringen, als bis sie sich sehen lassen können.

232. Einen ganz kleinen kaufmännischen Anstrich haben

Nicht alles sei Beschaulichkeit, auch Handlung muss dabei sein. Sehr weise Leute sind meistens leicht zu betrügen: denn obgleich sie das Außerordentliche wissen; so sind sie mit dem Alltäglichen des Lebens unbekannt, welches doch notwendiger ist. Die Betrachtung erhabener Dinge lässt ihnen für die des täglichen Treibens keine Zeit. Da sie nun das Erste was sie wissen sollten und was allen auf ein Haar bekannt ist, nicht wissen; so werden sie entweder bewundert, oder von der oberflächlichen Menge für unwissend gehalten. Daher trage der kluge Mann Sorge, etwas vom Kaufmann an sich zu haben, grade so viel als hinreicht, um nicht betrogen und sogar ausgelacht zu werden. Er sei ein Mann auch für's tägliche Tun und Treiben, welches zwar nicht das Höchste, aber doch das Notwendigste im Leben ist. Wozu dient das Wissen, wenn es nicht praktisch ist? Und zu leben verstehn, ist heutzutage das wahre Wissen.

233. Den fremden Geschmack nicht verfehlen,

... sonst macht man ihm, statt eines Vergnügens, einen Verdruss. Einige erregen, indem sie eine Verbindlichkeit erzeigen wollen, Missfallen, weil sie die verschiedenen Sinnesarten nicht begreifen. Manches ist dem Einen eine Schmeichelei, dem #Andern eine Kränkung; und manches was eine Artigkeit sein sollte, war eine Beleidigung. Oft hat es mehr gekostet, jemandem Missvergnügen zu bereiten, als es gekostet haben würde, ihm Vergnügen zu machen: man verliert alsdann den Dank und das Geschenk, weil man den Leit-Stern zum fremden Wohlgefallen verloren hatte. Wer den Sinn des andern nicht kennt, wird ihn schwerlich befriedigen. Daher auch kam es, dass mancher ein Lob zu äußern vermeinte und einen Tadel aussprach, zu seiner wohlverdienten Strafe. Andre wieder glauben durch ihre Beredsamkeit zu unterhalten, und martern den Geist durch ihre Geschwätzigkeit.

234. Nie die Ehre jemandem in die Hände geben, ohne die seinige zum Unterpfand zu haben

Man muss so gehen, dass der beiderseitige Vorteil im Schweigen, der Schaden in der Mitteilung liege. Wo die Ehre im Spiel ist, muss stets der Handel ganz gemeinschaftlich sein, sodass jeder von beiden für die Ehre des andern, seiner eigenen Ehre wegen, Sorge tragen muss. Nie soll man die Ehre dem andern anvertrauen: geschieht es dennoch ein Mal; so sei es so künstlich angelegt, dass hier wirklich die Klugheit der Vorsicht weichen konnte. Die Gefahr sei gemeinsam und der Fall gegenseitig, damit nicht etwa der zu einem Zeugen werde, der sich bewusst ist Teilhaber zu sein.

235. Zu bitten verstehn

Bei einigen ist nichts schwerer, bei andern nichts leichter. Denn es gibt Leute, die nichts abzuschlagen im Stande sind: bei solchen ist kein Dietrich vonnöten. Allein es gibt andre, deren erstes Wort, zu allen Stunden, *Nein* ist: bei diesen bedarf es der Geschicklichkeit, bei allen aber der gelegenen Zeit. Man überrasche sie bei fröhlicher Laune, wann die vorhergegangene Mahlzeit des Leibes oder des Geistes sie aufgeheitert hat; nur dass nicht etwa schon ihre kluge Vorhersicht der Schlauheit des Versuchenden zuvorgekommen sei. Die Tage der Freude sind die der Gunst, da jene aus dem Innern ins Äußere überströmt. Man trete nicht heran, wann man eben einen *Andern* abgewiesen sah: denn nun ist die Scheu vor dem *Nein* schon abgeworfen. Nach traurigen Ereignissen ist keine gute Gelegenheit. Den andern zum Voraus verbinden, ist ein Austausch, wo man es nicht mit gemeinen Seelen zu tun hat.

236. Eine vorhergängige Verpflichtung aus dem machen, was nachher Lohn gewesen wäre

Dies ist eine Geschicklichkeit sehr kluger Köpfe: die Gunst, vor dem Verdienst erzeigt, beweist einen Mann, der Gefühl für Verpflichtungen hat. Die so zum Voraus erwiesene Gunst hat zwei große Vorzüge: die Schnelligkeit des Gebers verpflichtet den Empfänger um so stärker: und dieselbe Gabe, welche nachmals Schuldigkeit wäre, wird, zum Voraus erteilt, zur

Verbindlichkeit des *Andern*. Dies ist eine sehr feine Weise, die Verpflichtungen zu vertauschen, indem die des Ersteren zum Belohnen, jetzt sich in die des Verbundenen zum Leisten verwandelt. Jedoch ist dies nur zu verstehn von Leuten, welche Gefühl für Verpflichtungen haben: denn für niedrige Gemüter würde der zum Voraus erteilte Ehrensold mehr ein Zaum, als ein Sporn sein.

237. Nie um die Geheimnisse der Höheren wissen

Man glaubt Kirschen mit ihnen zu essen, wird aber nur die Steine erhalten. Vielen gereichte es zum Verderben, dass sie Vertraute waren: sie gleichen einem Löffel aus Brot und laufen nachher dieselbe Gefahr wie dieser. Die Mitteilung eines Geheimnisses von Seiten des Fürsten ist keine Gunst, sondern ein Drang seines Herzens. Schon viele zerbrachen den Spiegel, weil er sie an ihre Hässlichkeit erinnerte. Wir mögen den nicht sehn, der uns hat sehn können; und der ist nicht gern gesehn, der etwas Schlechtes von uns sah. Keiner darf uns gar zu sehr verpflichtet sein, am wenigsten ein Mächtiger, und dann noch eher durch etwas Gutes, das wir ihm erzeigt, als durch Begünstigungen dieser Art. Besonders gefährlich sind freundschaftlich anvertraute Heimlichkeiten. Wer dem andern sein Geheimnis mittheilt, macht sich zu dessen Sklaven: einem Fürsten ist dies ein gewaltsamer Zustand, der nicht dauern kann: er wird seine verlorene Freiheit wiedererlangen wollen, und um das zu erreichen, wird er *Alles* mit Füßen treten, selbst Recht und Vernunft. Also Geheimnisse soll man weder hören, noch sagen.

238. Wissen, welche Eigenschaft uns fehlt

Viele wären ganze Leute, wenn ihnen nicht etwas abginge, ohne welches sie nie zum Gipfel der Vollkommenheit gelangen können. An einigen ist es bemerkbar, dass sie sehr viel sein könnten, wenn sie sich in einer Kleinigkeit besserten: so etwa fehlt es ihnen an Ernst, was große Fähigkeiten verdunkeln kann: anderen geht die Freundlichkeit des Wesens ab; eine Eigenschaft, welche ihre nächste Umgebung bald vermissen wird, zumal wenn sie Leute im Amt sind. Anderen wieder fehlt es an Tatkraft, noch anderen an Mäßigung. Allen diesen Übelständen würde leicht abzuhelfen sein, wenn man sie nur selbst bemerkte: denn Sorgfalt kann aus der Gewohnheit eine zweite Natur machen.

239. Nicht spitzfindig sein,

... sondern klug, woran mehr gelegen. Wer mehr weiß als erfordert ist, gleicht einer zu feinen Spitze, dergleichen gewöhnlich abbricht. Ausgemachte Wahrheit gibt mehr Sicherheit. Es ist gut, Verstand zu haben, aber nicht ein Schwätzer zu sein. Weitläufige Erörterungen sind schon dem Streite verwandt. Besser ist ein guter solider Kopf, der nicht mehr denkt als die Sache mit sich bringt.

240. Von der Dummheit Gebrauch zu machen verstehn

Der größte Weise spielt bisweilen diese Karte aus, und es gibt Gelegenheiten, wo das beste Wissen darin besteht, dass man nicht zu wissen scheine. Man soll nicht unwissend sein, wohl aber es zu sein affektieren. Bei den Dummen weise und bei den Narren gescheit sein, wird wenig helfen. Man rede also zu jedem seine Sprache. Nicht der ist dumm, der Dummheit affektiert; sondern der, welcher an ihr leidet: die aufrichtige, nicht die falsche Dummheit ist die wirkliche; da die Geschicklichkeit es schon so weit getrieben hat. Das einzige Mittel, beliebt zu sein, ist, dass man sich mit der Haut des einfältigsten Tieres bekleide.

241. Neckereien dulden, jedoch nicht ausüben

Jenes ist eine Art Höflichkeit; dieses kann in Verwicklungen bringen. Wer am Feiertag verdrießlich wird, hat viel Bestialisches und zeigt noch mehr. Die kühne Neckerei ist ergötzlich: sie ertragen zu können, beweist, dass man Kopf hat. Wer sich darüber gereizt zeigt, gibt Anlass, dass der andre ebenfalls gereizt werde. Das Beste ist also sich der Neckerei nicht anzunehmen, und das Sicherste, sie nicht einmal zu bemerken. Stets sind die ernstlichsten Händel aus Scherzen hervorgegangen. Es gibt daher nichts, was mehr Aufmerksamkeit und Geschicklichkeit erforderte: ehe man zu scherzen anfängt, sollte man schon wissen, bis zu welchem Punkte die Gemütsart dessen, den es betrifft, es dulden wird.

242. Den günstigen Erfolg weiterführen

Einige verwenden alle ihre Kraft auf den Anfang und vollenden nichts. Sie erfinden, aber führen nicht aus. Dies ist Wankelmut des Geistes. Auch erlangen sie keinen Ruhm, weil sie nichts verfolgen, sondern alles in's Stocken geraten lassen. Allerdings entspringt dies bei einigen aus

Ungeduld, welche der Makel der Spanier ist, wie hingegen Geduld der Vorzug der Belgier. Diese werden mit den Dingen fertig; mit jenen die Dinge. Bis die Schwierigkeit überwunden ist, verwenden sie allen Schweiß darauf, sind aber dann mit ihrem Sieg zufrieden und verstehen nicht ihn zu Ende zu führen: sie beweisen, dass sie es könnten, aber nicht wollen: dies liegt denn aber doch am Unvermögen, oder am Leichtsinn. Ist das Unternehmen gut, warum wird es nicht vollendet? ist es schlecht, warum ward es angefangen? Der Kluge erlege sein Wild, und begnüge sich nicht, es aufgejagt zu haben.

243. Nicht gänzlich eine Taubennatur haben,

... sondern schlau wie die Schlange und ohne Falsch wie die Taube sein. Nichts ist leichter, als einen redlichen Mann zu hintergehen. Viel glaubt, wer nie lügt, und viel traut, wer nie täuscht. Es entspringt nicht allemal aus Dummheit, dass man betrogen wird; sondern bisweilen aus Gutmütigkeit. Zwei Arten von Leuten wissen sich gut vor Schaden zu hüten: die Erfahrenen, gar sehr auf ihre Kosten; und die Verschmitzten, gar sehr auf fremde. Die Klugheit gehe eben so weit im Argwohn, als die Verschmitztheit im Fallenstellen, und keiner wolle in dem Maße redlich sein, dass er den anderen Gelegenheit gebe, unredlich zu sein. Man vereinige in sich die Taube und die Schlange, nicht als ein Ungeheuer, sondern vielmehr als ein Wunder.

244. Zu verpflichten verstehn

Manche verwandeln ihre eigene Verpflichtung in die des *Andern*, und wissen der Sache den Schein, oder doch zu verstehen zu geben, dass sie eine Gunst erzeigen, während sie eine empfangen. Aus ihrem eigenen Vorteil machen sie eine Ehre für den *Andern*, und lenken die Sachen so geschickt, dass es aussieht als leisteten sie dem *Andern* einen Dienst, indem sie sich von ihm beschenken lassen. Mit dieser sonderbaren Schlauheit versetzen sie die Ordnung der Verbindlichkeiten, oder machen es wenigstens zweifelhaft, wer dem *Andern* eine Gunst erzeigt. Das Schönste und Beste kaufen sie für bloße Lobeserhebungen, und aus dem Wohlgefallen, welches sie an einer Sache äußern, machen sie eine schmeichelhafte Ehre. So legen sie der Höflichkeit Verpflichtungen auf und machen eine Schuldigkeit aus dem, wofür sie sehr dankbar sein sollten. Dergestalt verwandeln sie das Passive der Verbindlichkeit in das Aktive, worin sie bessere Politiker als Grammatiker sind. Das ist eine große Feinheit; allein eine größere wäre, das Ding zu verstehen und solchen Narrenhandel wieder rückgängig zu machen, indem man ihnen ihre erzeigte Ehre wieder zustellt und dafür seinerseits auch wieder zu dem Seinigen gelangte.

245. Originelle und vom Gewöhnlichen abweichende Gedanken äußern,

... ist ein Zeichen eines überlegenen Geistes. Wir dürfen den nicht schätzen, der uns nie widerspricht: denn dadurch zeigt er keine Liebe zu uns, vielmehr zu sich. Man lasse sich nicht durch Schmeichelei täuschen und zahle für dieselbe; sondern man verwerfe sie. Auch rechne man es sich zur Ehre von einigen getadelt zu werden, zumal von solchen, die von allen Trefflichen schlecht reden. Hingegen soll es uns betrüben, wenn unsere Sachen *Allen* gefallen; weil es ein Zeichen ist, dass sie nicht taugen: denn das Vortreffliche ist für *Wenige*.

246. Nie dem Rechenschaft geben, der sie nicht gefordert hat,

... und selbst wenn sie gefordert wird, ist es eine Art Vergehen, darin mehr als nötig zu tun. Sich, ehe Anlass da ist, entschuldigen, heißt sich anklagen; und sich bei voller Gesundheit zu Ader lassen, heißt dem Übel, oder der Bosheit, zuwinken. Die von selbst gemachte Entschuldigung weckt das schlafende Misstrauen. Auch soll der Kluge einen fremden Verdacht nicht zu merken scheinen: denn das hieße die Beleidigung aufsuchen; sondern er soll denselben alsdann durch die Rechtlichkeit seines Tuns widerlegen.

247. Etwas mehr wissen und etwas weniger leben

Andere sagen es umgekehrt. Gute Muße ist besser als Geschäfte. Nichts gehört unser, als nur die Zeit, in welcher selbst der lebt, der keine Wohnung hat. Es ist gleich unglücklich, das kostbare Leben mit mechanischen Arbeiten, oder mit einem Übermaß erhabener Beschäftigungen hinzubringen. Man überhäufe sich nicht mit Geschäften und mit Neid; sonst stürzt man sein Leben hinunter und erstickt den Geist. Einige wollen dies auch auf das Wissen ausdehnen: aber wer nichts weiß, der lebt auch nicht.

248. Der Letzte behalte bei uns nicht allemal Recht

Es gibt Leute des letzten Berichts, deren Ungebührlichkeit aufs Äußerste geht. Ihr Denken und Wollen ist von Wachs: der Letzte drückt sein Siegel auf und verwischt die früheren. Diese sind nie gewonnen, weil man sie eben so leicht wieder verliert. Jeder färbt sie mit seiner Farbe. Zu Vertrauten taugen sie nicht, und ihr ganzes Leben bleiben sie Kinder. Zwischen diesem Wechsel des Meinens und Wollens hin und her geworfen, hinken sie stets am Willen und am Verstand, und wanken von der einen zur andern Seite.

249. Nicht sein Leben mit dem anfangen, womit man es zu beschließen hätte

Manche nehmen die Erholung am Anfang, und lassen die Mühe für das Ende zurück: allein erst komme das Wesentliche, nachher, wenn Raum ist, die Nebendinge. Andere wollen triumphieren, ehe sie gekämpft haben. Wieder andere fangen damit an, das zu lernen, woran wenig gelegen ist, und schieben die Studien, von welchen sie Ehre und Nutzen hoffen, für das Ende ihres Lebens auf. Jener hat noch nicht einmal angefangen sein Glück zu machen, und schon schwindelt ihm vor Dünkel der Kopf. Methode ist unerlässlich zum Wissen und zum Leben.

250. Wann hat man die Gedanken auf den Kopf zu stellen?

Wann verschmitzte Tücke redet. Bei einigen muss *Alles* umgekehrt verstanden werden: ihr *Ja* ist *Nein*, und ihr *Nein Ja*. Reden sie von einer Sache nachteilig; so bedeutet dieses, dass sie solche hochschätzen: denn wer sie für sich haben will, setzt sie bei anderen herab. Nicht jeder der lobt, redet gut von der Sache: denn manche werden, um die Guten nicht zu loben, auch die Schlechten loben: für wen aber keiner schlecht ist, für den ist auch keiner gut.

251. Man wende die menschlichen Mittel an, als ob es keine göttliche, und die göttlichen, als ob es keine menschlichen gäbe

Große Meisterregel, die keines Kommentars bedarf.

252. Weder ganz sich, noch ganz den anderen angehören,

... denn beides ist eine niederträchtige Tyrannei. Daraus, dass einer sich ganz für sich allein besitzen will, folgt alsbald, dass er auch alle Dinge für sich haben will. Solche Leute wollen nicht in der geringsten Sache nachgeben, noch das Mindeste von ihrer Bequemlichkeit opfern. Sie sind nicht verbindlich, sondern verlassen sich auf ihre Glücksumstände, welche Stütze jedoch unter ihnen zu brechen pflegt. Man muss bisweilen auch den anderen angehören, damit sie wieder uns angehören. Wer aber ein öffentliches Amt hat, muss der öffentliche Sklave sein; oder lege die Würde mit der Bürde nieder, würde die Alte des Hadrian sagen[22]. Im Gegenteil gibt es auch Leute, welche ganz den anderen angehören: denn die Torheit geht stets ins Übertriebene, hier aber ans eine unglückliche Art. Diese haben keinen Tag und keine Stunde für sich, sondern gehören in solchem Übermaß den anderen an, dass einer schon der Diener aller genannt wurde. Dies erstreckt sich sogar auf den Verstand, indem sie für *alle* wissen und bloß für sich unwissend sind. Der Aufmerksame begreife, dass keiner ihn sucht; sondern jeder seinen Vorteil in ihm, oder durch ihn.

253. Keinen allzu deutlichen Vortrag haben

Die Meisten schätzen nicht was sie verstehn; aber was sie nicht fassen können, verehren sie. Um geschätzt zu werden, müssen die Sachen Mühe kosten: daher wird gerühmt, wer nicht verstanden wird. Stets muss man weiser und klüger scheinen, als grade der, mit dem man zu tun hat, es nötig macht; um ihm eine hohe Meinung einzuflößen: jedoch nicht übertrieben, sondern verhältnismäßig. Und obgleich bei Leuten von Einsicht Sinn und Verstand allemal viel gelten; so ist doch bei den meisten Leuten einiger Aufputz vonnöten. Zum Tadeln müssen sie gar nicht kommen können, indem sie schon am Verstehen genug zu tun haben. Viele loben *Etwas*, und fragt man sie, so haben sie keinen Grund anzuführen. Woher dies? Alles Tiefverborgene verehren sie als ein Mysterium, und rühmen es, weil sie es rühmen hören.

---

[22] ›*Die Alte*‹, die bekanntlich dem Kaiser, als er sie mit »ich habe keine Zeit« abwies, zurief: »So sei kein Kaiser!«

254. Ein Übel nicht gering achten, weil es klein ist,

... denn nie kommt eines allein: sie sind verkettet, wie auch die Glücksfälle. Glück und Unglück gehen gewöhnlich dahin, wo schon das meiste ist. Dazu kommt, dass alle den Unglücklichen fliehen und sich dem Glücklichen anschließen: sogar die Tauben, bei aller ihrer Arglosigkeit, laufen nach dem weißesten Gerät. Einen Unglücklichen lässt alles im Stich, er sich selbst, die Gedanken, der Leit-Stern. Man wecke nicht das Unglück, wenn es schläft. Ein Ausgleiten ist wenig: jedoch kann dieses unglückliche Fallen sich noch fortsetzen und da weiß man nicht, wohin es endlich führen wird. Denn wie kein Gut in jeder Hinsicht vollständig ist; so ist auch kein Übel je gänzlich vollendet. Für die, so vom Himmel kommen, ist uns die Geduld; für die, so von der Erde, die Klugheit verliehen.

255. Gutes zu erzeigen verstehn,

... wenig auf ein Mal, hingegen oft. Nie muss man dem anderen so große Verbindlichkeiten auflegen, dass es unmöglich wäre, ihnen nachzukommen. Wer sehr vieles gibt, gibt nicht, sondern verkauft. Auch soll man nicht die vollständigste Erkenntlichkeit verlangen: denn wenn der andere sieht, dass sie seine Kräfte übersteigt, wird er den Umgang abbrechen. Bei Vielen ist, um sie zu verlieren, nichts weiter nötig, als sie übermäßig zu verpflichten: um ihre Schuld nicht abzutragen, ziehen sie sich zurück, und werden aus Verpflichteten Feinde. Der Götze möchte nie den Bildhauer, der ihn gemacht hat, vor sich sehn; und eben so ungern hat der Verpflichtete seinen Wohltäter vor Augen. Eine große Feinheit beim Geben besteht darin, dass es wenig koste und doch sehr ersehnt sei, wodurch es hoch angeschlagen wird.

256. Allezeit auf seiner Hut sein gegen Unhöfliche, Eigensinnige, Anmaßliche und Narren jeder Art

Man stößt auf viele, und die Klugheit besteht darin, nicht mit ihnen aneinander zu geraten. Vor dem Spiegel seiner Überlegung waffne man sich jeden Tag mit Vorsätzen in dieser Hinsicht: so wird man die Gefahren, welche die Narrheit uns in den Weg legt, überwinden. Man denke reiflich darüber nach, und dann wird man sein Ansehen nicht gemeinen Zufälligkeiten bloßstellen. Ein mit Klugheit ausgerüsteter Mann wird von den Ungebührlichen nicht angefochten werden. Unser Weg im Umgang mit Menschen ist deshalb schwierig, weil er voll Klippen ist, an denen unser

Ansehn scheitern kann. Das Sicherste ist sich entfernt zu halten, die Schlauheit des Odysseus zum Vorbild nehmend. Von großem Nutzen ist in Dingen dieser Art das erkünstelte Versehen: von der Höflichkeit unterstützt hilft es uns über alles hinweg, wie es denn ein einziger Ausweg aus allen Verwicklungen ist.

257. Es nie zum Bruche kommen lassen,

... denn bei einem solchen kommt unser Ansehen allemal zu Schaden. Jeder ist als Feind von Bedeutung, wenn gleich nicht als Freund. Gutes können wenige uns erweisen, Schlimmes fast alle. Im Busen des Jupiters selbst nistet sein Adler nicht sicher, von dem Tag an, wo er mit einem Käfer gebrochen hat. Mit der Klaue des erklärten Feindes schüren die Heimlichen das Feuer an, indem sie nur auf die Gelegenheit gelauert hatten. Aus verdorbenen Freunden werden die schlimmsten Feinde. Mit den fremden Fehlern wollen sie, in den Augen der Zuschauer, ihre eigenen überdecken. Jeder redet, wie es ihm scheint, und es scheint ihm, wie er es wünscht. Alle sprechen uns schuldig, entweder weil es uns am Anfang an Voraussicht, oder am Ende an Geduld, immer aber weil es uns an Klugheit gefehlt habe. – Ist jedoch eine Entfernung nicht zu vermeiden; so sei sie zu entschuldigen, und sei eher eine Lauheit der Freundschaft als ein Ausbruch der Wut: hier findet nun der bekannte Satz von einem schönen Rückzug treffende Anwendung.

258. Man suche sich jemanden,
der das Unglück tragen hilft

So wird man nie, zumal nicht bei Gefahren, allein sein, und nicht den ganzen Hass auf sich laden. Einige vermeinen, die ganze Ehre der oberen Leitung allein davon zu tragen, und tragen nachher die ganze öffentliche Unzufriedenheit davon. Auf die andere Art hingegen hat man jemanden, von dem man entschuldigt wird, oder der das Schlimme tragen hilft. Weder das Geschick noch der große Haufen wagen sich so leicht an zwei; deshalb auch der schlaue Arzt, wenn er die Kur verfehlt hat, doch nicht verfehlt sich einen andern zu suchen, der, unter dem Namen einer Konsultation, ihm hilft, den Sarg hinauszuschaffen. Man teile mit einem Gefährten Bürden und Betrübnisse: denn dem, der allein steht, fällt das Unglück doppelt unerträglich.

259. Den Beleidigungen zuvorkommen und sie in Artigkeiten verwandeln

Es ist schlauer sie zu vermeiden, als sie zu rächen. Eine ungemeine Geschicklichkeit ist es, einen Vertrauten aus dem zu machen, der ein Nebenbuhler werden sollte, oder Schutzwehren seiner Ehre aus denen, welche Angriffe auf dieselbe drohten. Viel tut hierzu, dass man Verbindlichkeiten zu erzeigen wisse: denn schon die Zeit zu Beleidigungen nimmt der weg, welcher veranlasst, dass Danksagungen sie ausfüllen. Das heißt zu leben wissen, wenn man das, was Verdruss werden sollte, zu Annehmlichkeiten umschafft. Aus dem Misswollen selbst mache man einen vertraulichen Umgang.

260. Keinem werden wir, und keiner uns, ganz angehören

Dazu ist weder Verwandtschaft, noch Freundschaft, noch die dringendste Verbindlichkeit hinreichend. Denn sein ganzes Zutrauen, oder seine Neigung schenken, sind zwei weit verschiedene Dinge. Auch die engste Verbindung lässt immer noch Ausnahmen zu, ohne dass deshalb die Gesetze der Freundschaft verletzt wären. Immer behält sich der Freund irgendein Geheimnis vor, und in irgendetwas verbirgt sogar der Sohn sich vor dem Vater. Gewisse Dinge verhehlt man dem Einen und teilt sie dem andern mit, und wieder umgekehrt: wodurch man dahin gelangt, dass man alles mitteilt und alles zurückbehält, nur stets mit Unterschied der entsprechenden Personen.

261. Nicht seine Torheit fortsetzen

Manche machen aus einem misslungenen Unternehmen eine Verpflichtung, und weil sie einen Irrweg eingeschlagen haben, meinen sie, es sei Charakterstärke darauf weiter zu gehn. Innerlich klagen sie ihren Irrtum an, aber äußerlich entschuldigen sie ihn. Dadurch geschieht es, dass wenn sie beim Beginn der Torheit als unüberlegt getadelt wurden, sie beim Verfolgen derselben als Narren bestätigt werden. Weder das unüberlegte Versprechen, noch der irrige Entschluss legen Verbindlichkeit auf. Allein auf jene Weise setzen einige ihre erste Tölpelei fort und wollen beharrliche Querköpfe sein.

262. Vergessen können

Es ist mehr ein Glück, als eine Kunst. Der Dinge, welche am meisten für's Vergessen geeignet sind, erinnern wir uns am besten. Das Gedächtnis ist nicht allein widerspenstig, indem es uns verlässt, wenn wir es am meisten brauchen, sondern auch töricht, indem es herangelaufen kommt, wenn es sich gar nicht passt. In #allem, was uns Pein verursacht, ist es ausführlich, aber in dem, was uns ergötzen könnte, nachlässig. Oft besteht das einzige Heilmittel unsrer Schmerzen im Vergessen; aber wir vergessen das Heilmittel. Man muss jedoch seinem Gedächtnis bequeme Gewohnheiten beibringen: denn es reicht hin, Seligkeit oder Hölle zu schaffen. Auszunehmen sind hier die Zufriedenen, welche im Stand ihrer Unschuld ihre einfältige Glückseligkeit genießen.

263. Manche Dinge muss man nicht eigentümlich besitzen

Man genießt solche besser als fremde, denn als eigene: ihr Gutes ist den ersten Tag für den Besitzer, alle folgenden für die anderen. Fremde Sachen genießt man doppelt, nämlich ohne die Sorge wegen der Beschädigung, und dann mit dem Reiz der Neuheit. Alles schmeckt besser nach dem Entbehren: sogar das fremde Wasser scheint Nektar. Der Besitz der Dinge vermindert nicht nur unsern Genuss, sondern er vermehrt auch unsern Verdruss, sowohl beim Ausleihen, als beim Nichtausleihen: man hat nichts davon, als dass man die Sachen für andere unterhält, wobei man sich mehr Feinde macht, als Erkenntliche.

264. Keine Tage der Nachlässigkeit haben

Das Schicksal gefällt sich darin, uns einen Possen zu spielen, und wird alle Zufälle zu Haufen bringen, um uns unversehens zu fangen. Stets zur Probe bereit müssen der Kopf, die Klugheit und die Tapferkeit sein, sogar auch die Schönheit: denn der Tag ihres sorglosen Vertrauens wird der Sturz ihres Ansehens sein. Wenn die Aufmerksamkeit am nötigsten ist, fehlt sie jedes Mal: denn das Nicht-Denken ist das Beinstellen zu unserm Verderben. Zudem pflegt es eine Kriegslist feindlicher Absichtlichkeit zu sein, dass sie die Vollkommenheiten, wenn sie unbesorgt sind, zur strengen Prüfung ihres Wertes zieht. Die Tage der Parade kennt man schon, daher lässt die List sie vorübergehn: aber den Tag, wo man es am wenigsten erwartete, wählt sie aus, um den Wert auf die Probe zu stellen.

265. Seine Untergebenen in die Notwendigkeit des Handelns zu versetzen verstehn

Eine durch die Umstände herbeigeführte Notwendigkeit zu handeln hat manche mit einem Mal zu ganzen Leuten gemacht, wie die Gefahr zu ertrinken Schwimmer. Auf diese Weise haben viele ihre eigene Tapferkeit, ja sogar ihre Kenntnis und Einsicht entdeckt, welche, ohne solchen Anlass, unter ihrem Kleinmut begraben geblieben wäre. Die Gefahren sind die Gelegenheit sich einen Namen zu gründen, und sieht ein Edler seine Ehre auf dem Spiel, wird er für Tausend wirksam sein. Obige Lebensregel verstand, wie auch alle übrigen, aus dem Grunde die Königin Isabella die Katholische, und einer klugen Begünstigung dieser Art von ihr verdankt der Große Feldherr²³ seinen Ruf, und viele andre ihren unsterblichen Ruhm. Durch diese Feinheit hat sie große Männer gemacht.

266. Nicht aus lauter Güte schlecht sein

Der ist es, welcher sich nie erzürnt. Diese unempfindlichen Menschen verdienen kaum, für Leute *[personas]* zu gelten. Es entsteht nicht immer aus Trägheit, sondern oft aus Unfähigkeit. Eine Empfindlichkeit, bei gehörigem Anlass, ist ein Akt der Persönlichkeit: die Vögel machen sich bald über den Strohmann lustig. Das Süße mit dem Sauren abwechseln lassen, beweist einen guten Geschmack. Das Süße ganz allein ist für Kinder und Narren. Es ist sehr übel, wenn man aus lauter Güte in solche Gefühllosigkeit versinkt.

267. Seidene Worte und freundliche Sanftmut

Pfeile durchbohren den Leib, aber böse Worte die Seele. Ein wohlriechender Teig verursacht einen angenehmen Atem. Es ist eine große Lebensklugheit, es zu verstehen, die Luft zu verkaufen. Das Meiste wird mit Worten bezahlt, und mittelst ihrer kann man Unmöglichkeiten durchsetzen. So treibt man in der Luft Handel mit der Luft; und der königliche Atem vermag Mut und Kraft einzustoßen. Allezeit habe man den Mund voll Zucker, um seine Worte damit zu versüßen, sodass sie selbst dem Feind wohlschmecken. Um liebenswürdig zu sein, ist das Hauptmittel friedfertig zu sein.

---

²³ Der *Große*: Das Adjektiv ist von Schopenhauer absichtlich mit der Majuskel geschrieben, denn es handelt sich um die Übersetzung von ›Gran Capitan‹, ein Beiname des berühmten Gonsalvo di Cordova, den er 1498 für die Eroberung des Königreichs Neapel erhielt.

268. Der Kluge tue gleich anfangs, was der Dumme erst am Ende

Der eine und der andre tun dasselbe; nur in der Zeit liegt der Unterschied: jener tut es zur rechten, dieser zur unrechten. Wer sich einmal von Haus aus den Verstand verkehrt angezogen hat, fährt nun immer so fort!: Was er auf den Kopf setzen sollte, trägt er an den Füßen, aus dem Linken macht er das Rechte und ist so ferner in allem seinen Tun linkisch. Nur *eine* gute Art auf den rechten Weg zu kommen gibt es für ihn, wenn er nämlich gezwungen tut, was er hätte freiwillig tun können. Der Kluge dagegen sieht gleich was früh oder spät geschehen muss: und da führt er es bereitwillig und mit Ehren aus.

269. Sich sein Neu-Sein zunutze machen,

... denn so lange jemand noch neu ist, ist er geschätzt. Das Neue gefällt, der Abwechslung wegen, allgemein, der Geschmack erfrischt sich daran, und eine funkelnagelneue Mittelmäßigkeit wird höher geschätzt, als ein schon gewohntes Vortreffliches. Das Ausgezeichnete nutzt sich ab und wird allmählich alt. Jedoch soll man wissen, dass jene Glorie der Neuheit von kurzer Dauer sein wird: nach vier Tagen wird die Hochachtung sich schon verlieren. Deshalb verstehe man, sich diese Erstlinge der Wertschätzung zunutze zu machen und ergreife auf dieser schnellen Flucht des Beifalls alles, wonach man füglich trachten kann. Denn ist einmal die Hitze der Neuheit vorüber; so kühlt sich die Leidenschaft ab: dann muss die Begünstigung des Neuen gegen den Überdruss am Gewöhnlichen vertauscht werden, und man glaube nur, dass alles eben so seine Zeit gehabt hat, welche vorüberging.

270. Was vielen gefällt, nicht allein verwerfen

Etwas Gutes muss daran sein, da es so vielen genügt, und lässt es sich auch nicht erklären, so wird es doch genossen. Die Absonderung ist stets verhasst und, wenn irrtümlich, lächerlich. Man wird eher dem Ansehn seiner Auffassungsgabe, als dem des Gegenstandes schaden, und dann bleibt man mit seinem schlechten Geschmack allein. Kann man das Gute nicht herausfinden; so verhehle man seine Unfähigkeit und verdamme die Sache nicht schlechthin. Gewöhnlich entspringt der schlechte Geschmack aus Unwissenheit. Was alle sagen, ist; oder will doch sein.

271. In jedem Fach halte sich, wer wenig weiß, stets an das Sicherste:

... wird er dann auch nicht für sein, so wird er doch für gründlich gelten. Wer hingegen unterrichtet ist, kann sich einlassen und nach Gutdünken handeln. Allein, wenig wissen und sich doch in Gefahr setzen, heißt freiwillig sein Verderben suchen. Vielmehr halte man sich alsdann immer zur rechten Hand: denn das Ausgemachte kann nicht fehlen. Für geringe Kenntnisse ist die Heerstraße: und in allen Fällen, sei man kundig oder unkundig, ist die Sicherheit immer klüger als die Absonderung.

272. Die Sachen um den Höflichkeitspreis verkaufen:

... dadurch verpflichtet man am meisten. Nie wird die Forderung des Interessierten der Gabe des edelmütigen Verpflichteten gleichkommen. Die Höflichkeit schenkt nicht, sondern legt eine Verpflichtung auf, und die edle Sitte ist die größte Verpflichtung. Für den rechtschaffenen Mann ist keine Sache teurer, als die, welche man ihm schenkt: man verkauft sie ihm dadurch zwei Mal und für zwei Preise, den des Wertes und den der Höflichkeit. Inzwischen ist es wahr, dass für den Niedrigdenkenden die edle Sitte Kauderwelsch ist: denn er versteht die Sprache des guten Vernehmens nicht.

273. Die Gemütsarten derer, mit denen man zu tun hat, begreifen,

... um ihre Absichten zu ergründen. Denn ist die Ursache richtig erkannt; so ist es auch die Wirkung, erstlich aus jener, sodann aus dem Motiv. Der Melancholische sieht stets Unglücksfälle, der Boshafte Verbrechen voraus: denn immer stellt sich ihnen das Schlimmste dar, und da sie des gegenwärtigen Guten nicht innewerden; so verkünden sie das mögliche Übel vorher. Der Leidenschaftliche redet stets eine fremde Sprache, die von dem, was die Dinge sind, abweicht: aus ihm spricht die Leidenschaft, nicht die Vernunft. So redet jeder gemäß seinem Affekt, oder seiner Laune, und alle gar fern von der Wahrheit. Man lerne ein Gesicht entziffern und aus den Zügen die Seele herausbuchstabieren. Man erkenne in dem, der immer lacht, einen Narren, in dem, der nie lacht, einen Falschen. Man hüte sich vor dem Frager, weil er leichtsinnig oder ein

Späher ist. Wenig Gutes erwarte man von den Missgestalteten: denn diese pflegen sich an der Natur zu rächen, und wie sie ihnen wenig Ehre erzeigte, so sie ihr keine. So groß als die Schönheit eines Menschen, pflegt seine Dummheit zu sein.

274. Anziehungskraft besitzen

Sie ist ein Zauber kluger Höflichkeit. Man benutze diesen Magnet seiner angenehmen Eigenschaften mehr zur Erwerbung der Zuneigung, als wirklicher Vorteile, doch auch zu *Allem*. Verdienste reichen nicht aus, wenn sie nicht von der Gunst unterstützt werden, welche es eigentlich ist, die den Beifall verleiht. Das wirksamste Werkzeug der Herrschaft über andere, das im Schwunge sein, ist Sache des Glücks: doch lässt es sich durch Kunst befördern: denn wo ausgezeichnete natürliche Anlagen sind, fasst das Künstliche besser Wurzel. Durch jenes nun gewinnt man die Herzen und allmählich kommt man in den Besitz der allgemeinen Gunst.

275. Mitmachen, so weit es der Anstand erlaubt

Man mache sich nicht immer wichtig und widerwärtig: dies gehört zur edlen Sitte. Etwas kann man sich von seiner Würde vergeben, um die allgemeine Zuneigung zu gewinnen: man lasse sich zuweilen das gefallen, was die Meisten sich gefallen lassen; jedoch ohne Unanständigkeit. Denn wer öffentlich für einen Narren gilt, wird nicht im Stillen für gescheit gehalten werden. An *einem* Tage der Lustigkeit kann man mehr verlieren, als man an allen Tagen der Ehrbarkeit gewonnen hat. Jedoch soll man auch nicht sich immer ausschließen: denn durch Absonderung verurteilt man die Übrigen. Noch weniger darf man Ziererei affektieren: diese überlasse man dem Geschlecht, welchem sie eigen ist: sogar die religiöse Ziererei ist lächerlich. Dem Mann steht nichts besser an, als dass er ein Mann scheine: das Weib kann das Männliche als eine Vollkommenheit affektieren: nicht so umgekehrt.

276. Seinen Geist, mit Hilfe der Natur und Kunst, zu erneuern verstehen

Man sagt, dass von sieben zu sieben Jahren die Gemütsart sich ändert: nun so sei es ein Verbessern und Veredeln seines Geschmacks. Nach den ersten sieben Jahren tritt die Vernunft ein: so möge nachher mit jedem Stufenjahr eine neue Vollkommenheit hinzukommen. Man beobachte diesen natürlichen Wechsel, um ihm nachzuhelfen, und hoffe auch an anderen eine Verbesserung. Hieraus entspringt es, dass viele mit dem Stand oder Amt ihr Betragen geändert haben. Bisweilen wird man es nicht eher gewahr, als bis es im höchsten Grade hervortritt. Mit zwanzig Jahren ist der Mensch ein Pfau; mit dreißig, ein Löwe; mit vierzig, ein Kamel; mit fünfzig, eine Schlange; mit sechzig, ein Hund; mit siebenzig, ein Affe; mit achtzig, – nichts.

277. Zu prunken verstehen

Es ist die Glanzbeleuchtung der Talente: für jedes derselben kommt eine günstige Zeit: die benutze man, denn nicht jeder Tag wird der des Triumphs sein. Es gibt Prachtmenschen, in welchen schon das Geringe sehr, das Bedeutende zum Erstaunen glänzt. Gesellt sich zu ausgezeichneten Gaben die Fähigkeit damit zu prunken; so erlangen sie den Ruf eines Wunders. Es gibt prunkende Nationen, und die Spanische ist es im höchsten Grad. Erst das Licht ließ die Pracht der Schöpfung hervortreten. Das Prunken füllt vieles aus, ersetzt vieles und gibt allem ein zweites Dasein, zumal wenn es sich auf wirklichen Gehalt stützt. Der Himmel, welcher die Vollkommenheiten verleiht, versieht sie auch mit dem Hang zu prunken: denn jedes von beiden allein würde unpassend sein. Es gehört Kunst zum Prunken. Sogar das Vortrefflichste hängt von Umständen ab und hat nicht immer seinen Tag.

Das Prunken gerät schlecht, wenn es zur Unzeit kommt: mehr als jeder andre Vorzug muss es frei von Affektation sein, an welchem Übelstand es allemal scheitert, weil es nahe an die Eitelkeit grenzt und diese an das Verächtliche: es muss sehr gemäßigt sein, damit es nicht gemein werde, und sein Übermaß steht bei den Klugen schlecht angeschrieben. Bisweilen besteht es mehr in einer stummen Beredsamkeit, indem man gleichsam nur aus Nachlässigkeit seine Vollkommenheiten zum Vorschein kommen lässt: denn das kluge Verhehlen derselben ist das wirksamste Paradieren damit, da man eben durch solches Entziehn die Neugier am lebhaftesten anreizt. Sehr geschickt auch ist es, nicht die ganze Vollkommenheit mit einem Male aufzudecken, sondern nur einzelne Proben davon verstohlenen Blicken preiszugeben und dann immer mehr. Jede glänzende Leistung muss das Unterpfand einer größern sein und im Beifall der ersten schon die Erwartung der folgenden liegen.

278. Abzeichen jeder Art vermeiden,

... denn die Vorzüge selbst werden zu Fehlern, sobald sie zur Bezeichnung dienen. Die Abzeichen entstehen aus Sonderbarkeit, welche stets getadelt wird: man lässt den Sonderling allein. Sogar die Schönheit, wenn sie überschwänglich wird, schadet unserm Ansehen; denn indem sie die Augen auf sich zieht, beleidigt sie: wieviel mehr werden Sonderbarkeiten, die schon an sich in schlechtem Ruf stehen, nachteilig wirken. Dennoch wollen einige sogar durch Laster allgemein bekannt sein und suchen in der Verworfenheit die Auszeichnung, um einer so ehrlosen Ehre teilhaft zu werden. Selbst in der Einsicht kann das Übermaß in Geschwätz ausarten.

279. Dem Widersprecher nicht widersprechen

Man muss unterscheiden, ob der Widerspruch aus List, oder aus Gemeinheit entspringt. Es ist nicht immer Eigensinn, sondern bisweilen ein Kunstgriff. (Vergl. 213.) Dann sei man aufmerksam, sich im ersten Fall nicht in Verwicklungen, im andern nicht ins Verderben ziehen zu lassen. Keine Sorgfalt ist besser angewandt, als die gegen Spione. Gegen die Dietriche der Seelen ist die beste Gegenlist, den Schlüssel der Vorsicht inwendig stecken zu lassen.

280. Ein Biedermann sein

Mit dem redlichen Verfahren ist es zu Ende: Verpflichtungen werden nicht anerkannt: ein gegenseitiges lobenswertes Benehmen findet sich selten, vielmehr erhält der beste Dienst den schlimmsten Lohn: und so ist heutzutage der Brauch der ganzen Welt. Es gibt ganze Nationen, die zur Schlechtigkeit geneigt sind: bei der einen hat man stets den Verrat bei der andern den Unbestand, bei der dritten den Betrug zu fürchten. Allein das schlechte Benehmen anderer sei für uns kein Gegenstand der Nachahmung, sondern der Vorsicht. Die Gefahr dabei ist, dass der Anblick jener nichtswürdigen Verfahrungsweise auch unsre Redlichkeit erschüttere. Aber der Biedermann vergisst nie, über das was die anderen sind, wer er ist.

281. Gunst bei den Einsichtigen finden

Das laue *Ja* eines außerordentlichen Mannes ist höher zu schätzen, als der ganze allgemeine Beifall. Denn aus den Weisen spricht Einsicht und daher gibt ihr Lob eine unversiegbare Zufriedenheit. Der verständige Antigonus beschränkte den ganzen Schauplatz seines Ruhmes auf den einzigen Zeno, und Plato nannte den Aristoteles seine ganze Schule. Allein manche sind nur darauf bedacht, sich den Magen zu füllen und wäre es mit dem gemeinsten Kehricht. Sogar die Fürsten bedürfen der Schriftsteller, und fürchten die Feder derselben mehr, als hässliche Weiber den Pinsel.

282. Durch Abwesenheit seine Hochschätzung oder Verehrung befördern

Wie die Gegenwart den Ruhm vermindert, so vermehrt ihn die Abwesenheit. Wer abwesend für einen Löwen galt, war bei seiner Anwesenheit nur die lächerliche Ausgeburt des Berges. Die großen Talente verlieren durch die Berührung ihren Glanz: denn es ist leichter die Rinde der Außenseite, als den großen Gehalt des Geistes zu sehn. Die Einbildungskraft reicht weiter als das Gesicht, und die Täuschung, welche ihren Eingang gewöhnlich durch die Ohren findet, hat ihren Ausgang durch die Augen. Wer sich still im Mittelpunkt des Umkreises seines Rufes hält, wird sich in seinem Ansehn erhalten. Der Phönix selbst benutzt seine Zurückgezogenheit, um verehrt, und das durch sie erregte Verlangen, um geschätzt zu bleiben.

283. Die Gabe der Erfindung besitzen

Sie beweist das höchste Genie: allein welches Genie kann ohne einen Gran Wahnsinn bestehn? Ist das Erfinden Sache der Genialen; so ist die treffende Wahl Sache der Verständigen. Auch ist jenes eine besondre Gabe des Himmels und viel seltener: denn eine treffende Wahl ist *Vielen* gelungen, eine gute Erfindung *Wenigen*, und zwar nur den *Ersten*, dem Wert und der Zeit nach. Die Neuheit schmeichelt, und war sie glücklich, so gibt sie dem Guten einen doppelten Glanz. In Sachen des Urteils ist die Neuheit gefährlich, wegen des Paradoxen; in Sachen des Genies aber löblich: jedoch wenn gelungen, verdient die *eine* wie die *andre* Beifall.

284. Man sei nicht zudringlich

So wird man nicht zurückgesetzt werden. Man setze selbst Wert auf sich, wenn die *anderen* es sollen. Eher sei man karg, als freigebig mit seiner Person. Ersehnt komme man an; da wird man wohl empfangen werden. Nie komme man ungerufen und gehe nur, wenn man gesandt wird. Wer aus freien Stücken etwas unternimmt, wird, wenn es schlecht abläuft, den ganzen Unwillen auf sich laden; läuft es hingegen gut ab, weiß man es ihm

doch nicht Dank. Der Zudringliche wird mit Geringschätzung und Weg-
werfung aller Art überhäuft: eben deshalb, weil er sich mit Unverschämtheit eindrängte, wird er mit Beschämung fortgeschickt.

285. Nicht am fremden Unglück sterben

Man kenne den, welcher im Sumpf steckt und merke sich, dass er uns
rufen wird, um sich nachher am beiderseitigen Leiden zu trösten. Solche
Leute suchen jemanden, der ihnen helfe, das Unglück zu tragen, und wem
sie im Glück den Rücken wandten, dem reichen sie jetzt die Hand. Großer
Vorsicht bedarf es bei denen, die zu ertrinken im Begriff sind, um ihnen,
ohne eigene Gefahr, Hilfe zu leisten.

286. Man sei niemandem für alles, auch nie allen verbindlich gemacht,

... denn sonst wird man zum Sklaven, oder gar zum Sklaven aller. Einige
werden unter glücklichen Umständen geboren als andre: jene um Gutes zu
tun, diese um es zu empfangen. Die Freiheit ist viel köstlicher, als das
Geschenk, wofür man sie hingibt. Man soll weniger Wert darauflegen,
viele von sich, als darauf, sich selbst von keinem abhängig zu sehn. Der
einzige Vorzug des Herrschens ist, dass man mehr Gutes erweisen kann.
Besonders halte man die Verbindlichkeit, die einem aufgelegt wird, nicht
für eine Gunst: denn meistenteils wird die fremde List es absichtlich so
eingeleitet haben, dass man ihrer bedürfen musste.

287. Nie handle man im leidenschaftlichen Zustand,

... sonst wird man alles verderben. Der kann nicht für sich handeln, der
nicht bei sich ist: stets aber verbannt die Leidenschaft die Vernunft. In
solchen Fällen lasse man für sich einen vernünftigen Vermittler eintreten,
und das wird jeder sein, der ohne Leidenschaft ist. Stets sehen die
Zuschauer mehr als die Spieler, weil sie leidenschaftslos sind. Sobald man
merkt, dass man außer Fassung gerät, blase die Klugheit zum Rückzug:
denn kaum wird das Blut sich vollends erhitzt haben, so wird man blutig
zu Werke gehen und in wenig Augenblicken auf lange Zeit sich zur
Beschämung und anderen zur Verleumdung Stoff gegeben haben.

288. Nach der Gelegenheit leben

Unser Handeln, unser Denken, alles muss sich nach den Umständen richten. Man wolle wenn man kann: denn Zeit und Gelegenheit warten auf niemanden. Man lebe nicht nach ein für alle Mal gefassten Vorsätzen, es sei denn zu Gunsten der Tugend; noch schreibe man dem Willen bestimmte Gesetze vor: denn morgen wird man das Wasser trinken müssen, welches man heute verschmähte. Es gibt so verschrobene Querköpfe, dass sie verlangen, alle Umstände bei einem Unternehmen sollen sich nach ihren verrückten Grillen fügen und nicht anders. Der Weise hingegen weiß, dass der Leit-Stern der Klugheit darin besteht, dass man sich nach der Gelegenheit richte.

289. Nichts setzt den Menschen mehr herab, als wenn er sehen lässt, dass er ein Mensch sei

An dem Tag hören sie auf ihn für göttlich zu halten, an welchem sie ihn recht menschlich erblicken. Der Leichtsinn ist das größte Hindernis unsers Ansehens. Wie der zurückhaltende Mann für mehr als Mensch gehalten wird, so der leichtsinnige für weniger als Mensch. Es gibt keinen Fehler, der mehr herabwürdigte, weil der Leichtsinn das grade Gegenteil des überlegten, gewichtigen Ernstes ist. Ein leichtsinniger Mensch kann nicht von Gehalt sein, zumal wenn er alt ist, wo die Jahre ihn zur Überlegung verpflichten. Und obgleich dieser Makel an so *Vielen* haftet; so ist er nichts desto weniger ganz besonders herabwürdigend.

290. Es ist viel Glück, zur Hochachtung auch die Liebe zu besitzen

Gemeinhin darf man, um sich die Achtung zu erhalten, nicht sehr geliebt sein. Die Liebe ist verwegener als der Hass. Zuneigung und Verehrung lassen sich nicht wohl vereinen. Zwar soll man nicht sehr gefürchtet sein, aber auch nicht sehr geliebt. Die Liebe führt die Vertraulichkeit ein, und mit jedem Schritt, den diese vorwärts macht, macht die Hochachtung einen zurück. Man sei eher im Besitz einer verehrenden als einer hingebenden Liebe: so ist sie ganzen Leuten angemessen.

291. Zu prüfen verstehn

Die Aufmerksamkeit des Klugen wetteifre mit der Zurückhaltung des Vorsichtigen. Viel Kopf ist erfordert, um den fremden auszumessen. Es ist wichtiger, die Gemütsarten und Eigenschaften der Personen, als die der Kräuter und Steine zu kennen. Jenes ist eine der scharfsinnigsten Beschäftigungen im Leben. Am Klang kennt man die Metalle, und an der Rede die Menschen. Die Worte geben Anzeichen der Rechtlichkeit, aber viel mehr die Taten. Hier nun bedarf es der außerordentlichsten Vorsicht, der tiefen Beobachtung, der eigenen Auffassung und des richtigen Urteils.

292. Die persönlichen Eigenschaften müssen die Obliegenheiten des Amtes übersteigen:

... und nicht umgekehrt. So hoch auch der Posten sein mag, stets muss die Person sich als ihm überlegen zeigen. Ein umfassender Geist breitet sich immer mehr aus und tritt mehr und mehr hervor in seinem Amt. Hingegen wird der Engherzige bald seine Blöße zeigen und am Ende an Verpflichtungen und Ansehn bankrott werden. Der große Augustus setzte seine Ehre daran, als Mensch größer, denn als Fürst zu sein. Hier kommt nun ein hoher Sinn zustatten und auch ein wohlüberlegtes Selbstvertrauen trägt viel bei.

293. Von der Reife

Sie leuchtet aus dem Äußeren hervor, noch mehr aus der Sitte. Die materielle Gewichtigkeit macht das Gold, die moralische den Mann wertvoll. Die Reife verbreitet über alle seine Fähigkeiten einen gewissen Anstand und erregt Hochachtung. Die Gesetztheit des Menschen ist die Fassade seiner Seele: sie besteht nicht in der Unbeweglichkeit des Dummen, wie es der Leichtsinn haben möchte, sondern in einer sehr ruhigen Autorität. Ihre Reden sind Sentenzen, ihr Wirken gelingende Taten. Sie erfordert einen sehr vollendeten Mann: denn jeder ist so weit ein ganzer Mann, als er Reife hat. Indem er aufhörte ein Kind zu sein, fing er an Ernst und Autorität zu erhalten.

294. Sich in seinen Meinungen mäßigen

Jeder fasst seine Ansichten nach seinem Interesse und glaubt einen Überfluss an Gründen für dieselben zu haben. Denn in den meisten muss das Urteil der Neigung den Platz einräumen. Nun trifft es sich leicht, dass zwei miteinander gradezu widersprechenden Meinungen sich begegnen, und jeder glaubt die Vernunft auf seiner Seite zu haben, wiewohl diese, stets unverfälscht, nie ein doppeltes Antlitz trug. Bei einem so schwierigen Punkt gehe der Kluge mit Überlegung zu Werke: dann wird das Misstrauen gegen sich selbst sein Urteil über das Benehmen des Gegners berichtigen. Er stelle sich auch einmal auf die andre Seite und untersuche von da die Gründe des anderen: dann wird er nicht mit so starker Verblendung jenen verurteilen und sich rechtfertigen.

295. Nicht wirksam scheinen, sondern sein

Viele geben sich den Schein wichtige Geschäfte zu treiben, ohne den mindesten Grund: aus allem machen sie ein Mysterium, auf die albernste Weise. Sie sind Chamäleons des Beifalls und für alle ein unerschöpflicher Stoff zum Lachen. Die Eitelkeit ist überall widerlich, hier aber auch lächerlich. Diese Ameisen der Ehre betteln sich Großtaten zusammen. Man soll hingegen seine größten Vorzüge am wenigsten affektieren: man begnüge sich mit dem Tun und überlasse anderen das Reden darüber. Man gebe seine Taten hin, aber verlaufe sie nicht. Auch miete man sich nicht goldene Federn, die Unflat schreiben, zum Ekel der Klugen. Man strebe lieber danach ein Held zu sein, als es zu scheinen.

296. Ein Mann von erhabenen Eigenschaften

Die vom ersten Range machen Männer ersten Ranges: und eine einzige derselben gilt mehr als eine große Anzahl mittelmäßiger. Es gab einen Mann, dem es gefiel, alle seine Sachen, sogar den gewöhnlichen Hausrat, besonders groß zu haben: wie viel mehr muss der große Mann dafür sorgen, dass alle Eigenschaften seines Geistes groß seien. In Gott ist *Alles* unendlich und unermesslich; so auch muss in einem Helden alles groß und majestätisch sein, dergestalt, dass alle seine Taten, ja auch seine Reden, mit einer überschwänglichen, großartigen Erhabenheit bekleidet auftreten.

297. Stets handeln, als würde man gesehen

Der ist ein umsichtiger Mann, welcher sieht, dass man ihn steht, oder doch sehn wird. Er weiß, dass die Wände hören, und dass schlechte Handlungen zu bersten drohen, um herauszukommen. Auch wann allein, handelt er wie unter den Augen der ganzen Welt. Denn da er weiß, dass man einst alles wissen wird; so betrachtet er als schon gegenwärtige Zeugen die, welche es durch die Kunde späterhin werden müssen.

Jener, welcher wünschte, dass die ganze Welt ihn stets sehen möchte, war nicht darüber besorgt, dass man ihn in seinem Haus aus den nächsten beobachten konnte.

298. Drei Dinge machen einen Wundermann,

... und sind die höchste Gabe der göttlichen Freigebigkeit: ein fruchtbares Genie, ein tiefer Verstand und ein zugleich erhabener und angenehmer Geschmack. Richtig zu fassen, ist ein großer Vorzug, aber ein noch größerer, richtig zu denken und die Einsicht des Guten zu haben. Der Verstand muss nicht im Rückgrat sitzen: da wäre er mehr mühselig als scharf. Richtig zu denken, ist die Frucht der vernünftigen Natur. Mit zwanzig Jahren herrscht der Wille vor, mit dreißig das Genie, mit vierzig das Urteil. Es gibt Köpfe, die gleichsam Licht ausströmen, wie die Augen des Luchses, indem sie, wo die größte Dunkelheit ist, richtig erkennen. Andre sind für die Gelegenheit gemacht, da sie stets auf das fallen, was am meisten zum gegenwärtigen Zweck dient: es bietet sich ihnen Vieles und Gutes dar: eine glückliche Fruchtbarkeit! Inzwischen würzt ein guter Geschmack das ganze Leben.

299. Hunger zurücklassen,

... selbst den Nektarbecher muss man den Lippen entreißen. Das Begehren ist das Maß der Wertschätzung. Sogar bei dem leiblichen Durst ist es eine Feinheit, ihn zu beschwichtigen, aber nicht ganz zu löschen. Das Gute, wenn wenig, ist doppelt gut. Das zweite Mal führt ein beträchtliches Sinken herbei. Sättigung mit dem was gefällt ist gefährlich und kann der unsterblichsten Vortrefflichkeit Geringschätzung zuziehen. Die Hauptregel um zu gefallen ist, dass man den Appetit noch durch den Hunger, mit welchem man ihn verließ, gereizt vorfinde. Muss man Unzufriedenheit erregen, so sei es lieber durch die Ungeduld des Begehrens, als durch den Überdruss des Genusses. Das mühsam erlangte Glück wird doppelt genossen.

300. Mit einem Wort, ein Heiliger sein,

... und damit ist *alles* auf einmal gesagt. Die Tugend ist das gemeinsame Band aller Vollkommenheiten, und der Mittelpunkt aller Glückseligkeit. Sie macht einen Mann vernünftig, umsichtig, klug, verständig, weise, tapfer, überlegt, redlich, glücklich, beifällig, wahrhaft und zu einem Helden in jedem Betracht. Drei Dinge, welche, im Spanischen mit einem ›S‹ anfangen, machen glücklich: Heiligkeit, Gesundheit und Weisheit. Die

Tugend ist die Sonne des Mikrokosmos oder der kleinen Welt und ihre Hemisphäre ist das gute Gewissen. Sie ist so schön, dass sie Gunst findet vor Gott und Menschen. Nichts ist liebenswürdig, als nur die Tugend, und nichts verabscheuungswert, als nur das Laster. Die Tugend allein ist Sache des Ernstes, alles andre ist Scherz. Die Fähigkeit und die Größe soll man nach der Tugend messen und nicht nach Umständen des Glücks. Sie allein ist sich selbst genug: sie macht den Menschen im Leben liebenswürdig und im Tode denkwürdig.

An den Leser

(Begleitwort des spanischen Herausgebers)

DEM GERECHTEN KEINE GESETZE, und dem Weisen keine Ratschläge. Und doch hat noch keiner so viel gewusst, als er für sich brauchte. Eines hast du mir zu verzeihen, ein andres zu danken: dass ich nämlich dieses Handbuch der Lebensklugheit ein ›Orakel‹ genannt habe, denn es ist ein solches, wegen des Sentenziösen und Gedrungenen; sodann aber, dass ich dir in *einem* Federzug alle zwölf Werke Gracians darbiete, deren jedes so hoch geschätzt wird, dass sein ›Weltkluger‹ kaum in Spanien erschienen war, als er schon in Frankreich, in dessen Sprache übersetzt und an dessen Hof gedruckt, genossen wurde. Gegenwärtiges sei der Vernunft ein *Denkbuch* bei dem Gastmahl ihrer Weisen, in welches sie die in den übrigen Werken aufzutragenden Schüsseln der Klugheit einschreibe, um den Genuss auf eine anmutige Weise zu vervielfältigen.

D. Vincencio Juan de Lastanosa
Geschrieben im Jahre 1653

Bibliographischer Anhang

... erstellt vom deutschen Herausgeber Eduard Grisebach

I. Schopenhauers Gracian-Handschrift

Schopenhauers Originalhandschrift der vorliegenden Übersetzung Gracians befindet sich auf der Königlichen Bibliothek zu Berlin (Schopenhauers Nachlass No. 23, ein starker Band in Quarto, unpaginiert). Dies vollständig druckfertige Manuskript hatte Schopenhauer im Jahre 1832 seinem Freund, dem bekannten Hispaniologen, Hofrat I. O. Keil in Leipzig übersandt, um ihm für das Buch einen Verleger zu verschaffen.

> [Fußnote: Vgl. meine »Edita und Inedita Schopenhaueriana« (Leipzig, Brockhaus, 1888) S. 195. Die noch vorhandenen, von dem Sohne Keils aufbewahrten bezüglichen Briefe Schopenhauers sind datiert:
> – Frankfurt a/M. 16. April 1832 15. Juni 24.
> – Mannheim 4. August
> – Frankfurt a/M. 20. August 1839.
> Mit dem letzten Brief erbittet sich Schopenhauer sein Manuskript zurück, welches sieben Jahre bei Keil gelagert hatte, nachdem die über die Herausgabe mit dem Leipziger Verleger Friedrich Fleischer angeknüpften Verhandlungen zu keinem Abschluss geführt hatten.]

Zu diesem *Behufe* hatte er die Übersetzung mit einer »Literarischen Notiz für den Verleger« begleitet, welche, 8 Seiten umfassend, in der Berliner Originalhandschrift dem Texte vorgeheftet ist und folgendermaßen lautet:

Literarische Notiz zu Gracians Handorakel der Weltklugheit. Für den Verleger

»Das seit anderthalb Jahrhunderten in Europa berühmte Buch Gracians erschien in Spanien 1653.

> [Fußnote: Außer zahlreichen Spanischen Ausgaben sind auch in Holland und den Niederlanden mehrere zu verschiedenen Zeiten erschienen, von denen die beste in den Obras de Lorenzo Gracian, welche 1725 und 1740 zu Antwerpen (Amberes) in 4° [24] erschienen, steht. Gegenwärtige Übersetzung ist nach der Amsterdamer Ausgabe von 1659 gemacht.]

Bald darauf machte Amelot de la Houssaye eine französische Übersetzung, welcher er den selbsterfundenen Titel *l'homme de cour de Gracian* gab, der gar nicht passt, da das Buch keineswegs bloß auf Hofleute berechnet ist, sondern für Weltleute jeder Art. Seine Übersetzung ist unvollkommen und fehlerhaft, weil er das Original, welches sehr schwer ist, nicht gehörig verstand. Dennoch wurde, nicht lange darauf, seine französische Übersetzung zwei Mal ins

---

[24] Das ° Zeichen (Grad-Zeichen) benennt im Buchdruck das jeweilige Buchformat

Deutsche übersetzt, und noch dazu sehr schlecht. Dann machte ein Dr. Müller in Leipzig Anno 1717 eine deutsche Übersetzung nach dem Spanischen Original, um die Unvollkommenheit der französischen ins gehörige Licht zu setzen. Dieser Müller hat zwar das Original meistens richtig verstanden: allein er hat keine eigentliche Übersetzung, sondern eine Paraphrase des Textes gegeben, die so weitschweifig ist, dass sein § immer 3 bis 4 Mal so lang ist als der Spanische, wobei die kernige Kürze, die dem Gracian wesentlich ist, ganz verloren gegangen: Gracian überlässt den Übergang von einem Gedanken zum andern meistens dem Nachdenken des Lesers: Dr. Müller hat ihm diese Mühe ersparen wollen: daher die Breite. Überdies schreibt er im unerträglichen, steifen, mit lateinischen und französischen Brocken gespickten Stil seiner Zeit; sodass er jetzt durchaus nicht mehr zu lesen ist. Da er nun seiner Paraphrase noch sehr ausgedehnte moralische Anmerkungen, die an Langweiligkeit alle Vorstellung übertreffen, beifügte, auch den Spanischen Text jedem § beidrucken ließ, so besteht sein Buch aus 2 Bänden in 8° von mehr als 1500 Seiten zusammen. Heutzutage ist es in jeder Hinsicht unbrauchbar. Darauf erschien 1750 in Wien eine lateinische Übersetzung des ›Gracianischen Handbuch‹, welche eingestanden bloß nach der Französischen des Amelot de la Houssaye verfertigt ist und auch den Titel dieser führt: *Homo aulicus.* Dazu ist sie in einem so schlechten und sonderbarem Latein, dass sie äußerst schwer zu verstehen ist. Seitdem ist, meines Wissens, nichts geschehn: es müsste denn etwa in Italien oder England sein. Denn eigentlich verdient keine Erwähnung ein kleines, schlechtes Machwerk, welches 1826 erschien unter dem Titel: *Das schwarze Buch oder Lehren der Lebensweisheit Gracians.* in 16°. Preis 6 Ggr. –

[Fußnote: Den Titel ›Schwarzes Buch‹ verdient Gracians verdienstvolles und unsterbliches Werk durchaus nicht, da es gar nicht unmoralisch ist, wie z. B §§ 16. 29. 120. 155. 280 genügend beweisen. Aber die Dummen möchten gern, dass die Klugheit für unmoralisch gälte.]

Dies ist eines der Produkte der Buchmacherei, womit sie jede bemerkte Lücke in der Literatur durch eine Schmiererei auszufüllen eilt. Der Verfasser, der, dem Stile nach zu urteilen, ungefähr ein Prinzlicher Kammerdiener sein möchte, hat die alte Französische Übersetzung vor sich gehabt: aus dieser hat er nun hin und wieder allerlei einzelne Sätze, die ihm gefielen, übersetzt, diese nunmehr, ganz aus ihrem ursprünglichen Zusammenhang gerissen, unter gewisse, selbstgemachte Rubriken zusammengestellt und sie mit seinen eigenen Gedanken verbunden und zusammengekittet: wodurch heterogene Dinge zusammenstehen. Das Ganze ist kaum halb so lang als gegenwärtiges Hand-Orakel und enthält zudem noch manches was gar nicht von Gracian ist. Mit gegenwärtigem Hand-Orakel ist es also in keinem Betracht als dasselbe Buch anzusehn.

Aus dem Gesagten geht hervor, dass von Gracians noch immer so allgemein bekanntem Werk durchaus keine lesbare deutsche Übersetzung vorhanden ist, eine richtige und genaue aber in gar keiner Sprache, weshalb die Liebhaber sich mit der veralteten und unvollkommenen französischen begnügen müssen. Daher nun tritt, in gegenwärtiger Übersetzung, dieses Buch mit einem alten Ruhm und zugleich doch so gut als völlig neu auf. Dabei ist es durchaus das Einzige seiner Art und nie ein anderes über denselben Gegenstand geschrieben worden: denn nur ein Individuum aus der feinsten aller Nationen, der spanischen, konnte es versuchen. Knigge und Karl aus dem Winkel, über den Umgang mit Menschen, haben nur eine sehr entfernte Ähnlichkeit, selbst dem Gegenstande nach, mit diesem Buch; in der Ausführung stehen sie unermesslich weit davon ab. Dasselbe lehrt die Kunst, deren alle sich befleißigen und ist daher für jedermann.

Besonders aber ist es geeignet, das Handbuch aller derer zu werden, die in der großen Welt leben, ganz vorzüglich aber junger Leute, die ihr Glück darin zu machen bemüht sind, und denen es mit *einem* Mal und zum Voraus die Belehrung gibt, die sie sonst erst durch lange Erfahrung erhalten. – Das einmalige Durchlesen ist offenbar durchaus unzulänglich, vielmehr ist es zu anhaltendem, gelegentlichen Gebrauch gemacht und recht eigentlich ein Gefährte für das Leben: daher wird, wer es gelesen, oder auch nur darin geblättert hat, es besitzen wollen, welches der in jedem Fall geringe Preis leicht machen wird. Auch werden alle die, welche seit ihrer Jugend es bloß dem Rufe nach, oder aus der französischen oder lateinischen Übersetzung kennen, gern eine *authentische*, genaue und elegante deutsche Übersetzung erscheinen sehn. Auch in Österreich kann dies Buch nicht verboten werden. Gracian war ein spanischer Geistlicher. Es muss ein eleganter 12° Band werden von etwa 250 Seiten.

Diese Übersetzung ist durchaus nach dem *Spanischen Original,* ohne dass ich irgendeine Übersetzung dabei zur Hand gehabt hätte, mit besonderer Liebe und Sorgfalt gemacht und gibt nicht nur den Sinn des Originals vollkommen wieder, sondern auch den Geist und den gedrungenen, sentenziösen, wortkargen Stil, der dem des Lehrbriefes im Wilhelm Meister am nächsten kommt; so weit es in der von der Spanischen so himmelweit verschiedenen deutschen Sprache, ohne schwer verständlich zu werden, irgend möglich war. Eine Vergleichung gegenwärtiger mit irgendeiner der vorhandenen Übersetzungen wird einen überraschenden Unterschied zeigen, und auch ohne Kenntnis des Originals wird man leicht sehen können, wer diesem am treuesten ist. Einige wenige und ganz kurze Noten habe ich, besonders mit Rücksicht auf ungelehrte Leser, hinzugefügt: das Original hat gar keine.

Soeben erhalte ich noch Gracians ›*Mann von Welt*‹ frei bearbeitet von *Heidenreich* in einem Nachdruck Reutlingen 1804; die echte Ausgabe scheint 1803 bei Martini in Leipzig, der das M. S. nach dem Tode Heidenreichs in Auktion erstanden hat, erschienen zu sein. Diese Übersetzung ist wahrscheinlich die beste vorhandene, jedoch, wie alle übrigen, nach dem *Französischen*, und daher *sehr schlecht*: vom Stil, Ton und Geist Gracians ist nicht die leiseste Spur, vielmehr an dessen Stelle ein breiter, gemeiner, ekelhafter Predigerton getreten; und selbst der *Sinn* ist fast in jedem § verfehlt oder verunstaltet, oder so verkürzt, dass nicht die Hälfte dasteht: auch sind, statt 300 §§, nur 274 da. Nichts ist tauglicher den Wert meiner nach dem Original abgefassten Übersetzung zu zeigen, als die Vergleichung mit dieser *Heidenreich*'schen, die gleichsam das Resultat aller bisherigen, sämtlich nach dem *Französischen* gemachten Übersetzungen ist. Durch diese Vergleichung allein kann man den relativen Wert meiner Übersetzung beurteilen, wie durch Vergleichung mit dem Spanischen Original den *absoluten*. Ich wünsche sehr, dass man beide anstelle.«

Auf diese – hier als solche zum ersten Male wiedergegebene – ›Literarische Notiz‹ folgt dann das Titelblatt,

[Fußnote: Den Vornamen hat Schopenhauer hier Balthazar geschrieben, in der »Welt als Wille und Vorstellung« aber, wo er (I, § 50) diesen seinen Favoritautor zitiert, schreibt er in der 2. und 3. Auflage Balthasar, und ebenso in der sogleich zu erwähnenden zweiten Handschrift.]

nur fehlen in der Originalhandschrift die Worte: ›von Arthur Schopenhauer‹ woraus sich vermuten lässt, dass Schopenhauer seine Arbeit damals anonym herausgeben wollte.

Außer der im Vorstehenden beschriebenen Handschrift befindet sich auf der Berliner Bibliothek noch ein zweites Gracian-Manuskript Schopenhauers (*Schopenhauers Nachlass No. 29*; ein unpaginiertes Heft in Quarto), welches den Titel führt:

›*Balthasar Gracians Orakel Weltklugheit in dreihundert Lebensregeln aus dem Spanischen Original aufs Neue übersetzt von Felix Treumund*‹

Auf eine vorangehende ›Literarische Notiz‹ (4 Seiten) folgen hier die Regeln 1 bis 50. Obwohl dieses Manuskript ebensowenig ein Datum der Abfassung trägt wie das Manuskript Nr. 23, ergibt sich doch aus einer Vergleichung des Textes der Literarischen Notiz und der 50 Regeln mit dem Text der vollständigen Handschrift, dass wir hier nur Schopenhauers *ersten Versuch* einer Gracian-Übersetzung haben, der von ihm zum Druck bestimmte, *definitive Text* aber allein in der Handschrift Nr. 23 vorliegt.

Bei meiner Herausgabe der Letzteren hatte ich daher auf jene frühere keinerlei Rücksicht zu nehmen. Meine Ausgabe ist die *erste*, welche Schopenhauers Handschrift genau, bis auf die kleinsten Eigentümlichkeiten seiner Orthografie und Interpunktion, wiedergibt. – Einen durchweg unzuverlässigen Abdruck der Handschrift hat, zwei Jahre nach Schopenhauers Tod, Julius Frauenstädt gegeben (Leipzig, F. A. Brockhaus, 1862).

II. Das spanische Original

Die, sehr seltene, EDITIO PRINCEPS führte folgenden Titel: *›oracvlo manval y arte de prvdencia‹. Sacada de los aforismos que le discurren en las obras de Lorenço Gracian. Publicala* D. Vicencio Juan de Lastanosa. *Y la dedica al Excelentissimo Señor* D. Luis Mendez de Haro. Con licencia. Madrid, Francisco Lamberto, 1653. [160 pp. in 24°]

Während die Nationalbibliothek zu Madrid kein Exemplar dieser ersten Ausgabe besitzt, befindet sich dieselbe auf dem British Museum. (*Catalogue of printed books. London 1888. Artikel Gracian*).

Die vorgedruckte *›Aprobacion del Padre Alonso Muños de Otalora de los Clerigos Menores, Calificador de 1a Suprema‹*, also die Druckerlaubnis der geistlichen Zensur, trägt das Datum *›a 14 de Mayo de 1653‹*.

Die nächste bekannte Ausgabe erschien zu Amsterdam *›En casa de Juan Blaeu 1659‹ [166 pp. in 24°]*. Der Titel stimmt mit dem der Originalausgabe genau überein. Wir haben bereits oben (S. 166) gesehen, dass Schopenhauer *diese* Ausgabe seiner Übersetzung zugrunde gelegt hat. Das Exemplar, aus welchem er übersetzt hat, befindet sich jetzt in meinem Besitz (vgl. Edita und Inedita Schopenhaueriana S. 103 ff.).

Die Amsterdamer Ausgabe von 1659 ist die früheste, welche die Nationalbibliothek in Madrid besitzt, woraus vielleicht zu schließen, dass zwischen 1653 und 1659 andere Ausgaben des *›Oraculo‹* nicht erschienen sind. Die nächstfolgende, in Spanien erschienene Ausgabe, welche ich auf jener Bibliothek vorfand, war die von 1664 in den *›Obras de Lorenzo Gracian‹. Tomo primero. Que contiene El Criticon, Primera, Secunda y Tercera Parte. El Oraculo. Y el Heroe ... Ultima, impression mas corregida ... En Madrid. Por Pablo de Val. Año de 1664.* Das *›Oraculo‹* nimmt daselbst die Seiten 449–513 ein.

Weitere Madrider Ausgaben kamen 1720 und 1773 heraus, außerdem eine zu Barcelona 1757: sämtlich in zwei Bänden in Quarto. – Vor den, von Schopenhauer erwähnten Antwerpener Ausgaben erschienen noch zwei daselbst, die erste 1669 (2 Bände in 4°: das *›Oraculo‹* steht hier im 2. Band S. 639–440), die zweite 1702, in deren Besitz Schopenhauer erst kam, nachdem er die Übersetzung beendet hatte (vgl. meine *›*Edita und Inedita*‹* S. 177).

Verfasser der Aphorismen des *›Oraculo‹* war der, im Jahre 1604 zu Calatayud in Aragon geborene, Jesuitenpater Baltasar Gracian, Rektor des Kollegiums zu Tarragona in der Provinz Cataluña, gestorben, im Alter von 54 Jahren, am 6. Dezember 1658. Der Herausgeber des Büchleins war der als Numismatiker bekannte aragonische Gelehrte, von dem Gracian in einem seiner Werke sagt: *›nuestro mayor amigo don Vincenzio Juan de Lastanosa, benemerito universal de todo lo curioso, selecto gustoso, en libros, monedas, estatuas, piedras, antiguedades, pinturas, flores, y en una palabra, su casa es un emporio de la mas agradable y curiosa variedad‹ (›Agudeza y Arte de Ingenio‹ discurso XII).*

Lastanosa hatte auch die, in dem ›Oraculo‹ ausgezogenen Schriften seines Freundes herausgegeben. Wenn er auf den Titeln dieser Schriften, ebenso wie auf dem des ›Oraculo‹, seinen Autor mit dem Vornamen *Lorenzo* nennt, so ist der Grund, dass Baltasar Gracian als Geistlicher seine weltlichen Bücher nicht mit seinem richtigen Namen in Druck ausgehen lassen wollte: Lorenzo Gracian ist also der Schriftstellername Baltasar Gracians. Don Nikolas Antonio de Sevilla vermutet in seiner ›Bibliotheca Hispana‹: Lorenzo sei ein Bruder Baltasars gewesen: indessen erwähnt Gracian in seiner schon zitierten Schrift ›Agudeza‹ öfter seiner drei Brüder Pedro, Filipo und Remondo – alle drei Geistliche –, er scheint also einen Bruder mit Namen Lorenzo nicht besessen zu haben.

In seiner letzten, kurz vor seinem Tod, unter seinem richtigen Namen herausgegebenen geistlichen Schrift ›El Comulgador ... por el P. Baltasar Gracian de la Compañia de Jesus, Letor de Escritura‹ hat Gracian übrigens seine früheren weltlichen Werke ausdrücklich anerkannt. Während er nämlich in der ›Al letor‹ überschriebenen Vorrede zu diesen fünfzig Kommunionsbetrachtungen sagt: »Unter den verschiedenen Büchern, zu deren Vater man [d. h. der Freund Lastanosa] mich gemacht, erkenne ich nur dieses allein als meinen *legitimen* Sohn an, da ich *dieses* Mal mehr meinem Herzensdrang, als [wie bei den früheren Büchern] meinem Genie gefolgt bin« (Entre varios libros, que se me han prohijado, este solo reconozo por mio, digo *legitimo* sirvuiendo *esta vez* al afecto mas que al ingenio) so sagt er andererseits in der Widmung des ›Comulgador‹ an die Marquesa de Valdueza: »Dies kleine Buch tritt als ein großer Nebenbuhler um die vielfältige Gunst auf, mit welcher Eure Excellenz den ›Heroe‹, den ›Discreto‹ und das ›Oraculo‹ nebst den andern Brüdern derselben, beehrt haben.« (Emulo grande es este pequeño libro de la mucha cabida que halloron en el agrado de V. Excelencia ›el Heroe‹, ›el Discreto‹, y ›el Oraculo‹, con otros suos hermanos). Schopenhauer hatte also völlig recht, auf das Titelblatt seiner Übersetzung, statt des *nom de plume* ›Lorenzo‹, den wirklichen Verfassernamen *Baltasar* Gracian zu setzen.

Die Zahl der gesamten Schriften Gracians, aus welchen das ›Oraculo‹ geschöpft ist, gibt Lastanosa in seinem Vorwort (oben S. 6) auf *zwölf* an. In den ›Obras‹ finden wir indessen – abgesehen von dem, dem ›Oraculo‹ erst nachfolgenden ›Comulgador‹ – nur *sieben* Werke vereinigt, nämlich

1. *El Heroe*, Gracians früheste Schrift, von 1630
2. *El Politico Fernando*
3. *Agudeza y arte de ingenio*
4. *El discreto*
5. *El Criticon, primera parte de la niñez y juvetud (dedicado a Don Pablo de Parada)*
6. *El Criticon segunda parte de la varonil edad (dedicado al Seren. Señor D. Juan de Austria)*
7. *El Criticon tercera parte de la veyez (dedicado al Doctor D. Lorenzo Frances).*

Die von Lastanosa nach seiner Angabe noch ausgezogenen übrigen fünf Schriften Gracians sind daher, falls sie überhaupt gedruckt wurden, in die Gesamtwerke nicht aufgenommen. Von zwei kennen wir wenigstens die Titel, welche Lastanosa in seinem Vorwort zum ›Discreto‹ (dessen Druckerlaubnis vom Juni 1647 ist) mitteilt. Er sagt daselbst, dieser seiner *vierten* Veröffentlichung der Arbeiten seines Freundes würden noch weitere folgen, »especialmente un *Atento, y un Galante*«. Diese beiden Schriften scheinen aber (vielleicht weil nicht vollendet) Manuskript geblieben zu sein.

III. Übersetzungen des ›Oraculo‹

1. Ins Italienische

- *Oracolo manuale, e Arte di Prudenza* / Cavata dagl' Aforismi, che si discorrono nell' Opre di Lorenzo Gratiano / Mandalo in Luce D. Vincenzo Giovanni de Lastanosa. Diretto alla Nobiltá Venatiana e dedicato all' Illustr. & Eccelentiss. Sig. Leonardo Pesaro ...
  – In Venetia MDCLXXIX.
  – In Venetia, MDCXC.

Beide Ausgaben befinden sich auf der Königlichen Bibliothek in Berlin. Eine spätere italienische Übersetzung, welche der Abbate [Abt] Francesco Tosques unter dem Titel ›Uomo di Corte‹ herausgab, ist nach der sogleich aufzuführenden französischen gemacht.

2. Ins Französische

- *L'homme de cour* / Traduit de l'Espagnol de Baltasar Gracian / par le Sieur Amelot de la Houssaie. Avec des notes. A Paris MDCLXXXV.
- *L'homme de cour de Baltasar Gracian*. Traduit & commenté par le Sieur Amelot de la Houssaie, cidevant Secr´taire de l'Ambassade de France à Venide. Troisième édition revue et corrigée. Paris 1691.

Diese älteste französische Übersetzung ist noch oft wiedergedruckt worden, im Ausland erschienen Nachdrucke:

- *A la Haye 1692*; Rotterdam 1728
- *Maximes de Baltazar Gracien*, traduites de l'Espagnol [par J. de Courbeville]. Paris 1730.

3. Ins Englische

- *The Courtiers Oracle; or the Art of Prudence* ... Done into English. London 1694.
- *The Art of Prudence; or a Companion for a Man of Sense*. Made English ... and illustrated with the Sieur Amelot de la Houssaies notes, by Mr. Savage. London 1702.
  – 2th edition London 1705. | – 3th edition London 1714.

4. Ins Lateinische

- *Balthas. Graciani, Hispani, Aulicus sive* de prudentia civili et maxime aulica liber singularis olim hispanice conscriptus, postea et Gallice, Italice, Germanice editus, nunc ex Ameloti versione Latine redditus ... Franc. Glarianus Meldenus, Constantiensis, recensuit, latine vertit ... et notis illustravit. Accessit Joh. Gottl. Heineccii JC. praefatio. Francofurti ad Viadrum [Frankfurt a. d. Oder] MDCCXXXI.

  Ein Neudruck dieser Übersetzung ist die von Schopenhauer oben, Seite 167, erwähnte: *Viennae Augustae 1750.*

- *Hominis Aulici notum Graciani oraculum prudentise,* depromptum in sententiarum politicarum centurias III ... Latinorum lingua loquens per interpretem P.A. Ulrich 1734.

  Diese, von der vorhergehenden unabhängige, zweite lateinische Übersetzung ist gedruckt in dem Sammelwerk: *Ostrowski-Daneykowicz, Swada polska y Lacinska. Vol. II. Lublin* 1745. (Siehe: *British Museum. Catalogue of printed books. a.a.O.*)

5. Ins Ungarische

- *Bölts és figyelmetes udvari ember.* Irta Spányol nyelven Grátzian B. Froditotta Németbül Faludi F. ... Posonyban 1770, 1771.
- *Udvari Kátó Vagy is Grátzian B. nak Fludi F. által Magyarra forditatott CCC Makszmai .... Györölt 1790.*

  Beide im *British Museum*

6. Ins Deutsche

- *›L'Homme de cour – Oder der heutige politische Welt- und Staats-Weise‹* vorgestellt von Balthasar Gracian, Hispaniern. Und wegen seiner hohen Würde in unsre hochdeutsche Sprache übersetzet, anitzo aus dem Original vermehret, und zum andermal herausgegeben von Joh. Leonhard Sauter, J. U. D. Frankfurt und Leipzig. 1687. [CXVIII & 775 Seiten in 24]

  Diese älteste, durchweg nach der Französischen gemachte Deutsche Übersetzung befindet sich auf der Königl. Bibliothek in Berlin.

- *Balthasar Gracians ›Homme de Cour‹, oder: ›Kluger Hof und Weltmann‹,* nach Mr. Amelot de la Houssaie seiner französischen Version, ins Teutsche übersetzet von Selintes [= C. Weissbach]. Nebst Herrn C. Thomasii judicio vom Gracian. Augspurg 1711.

- *Balthasar Gracians Oracul; d. i. Regeln der Klugheit.* Aus dem Spanischen von A. F. Müller. 2 Bände. Leipzig 1715–1717. – 2. Auflage. Leipzig 1733.

- *B. Gracians Uomo di corte oder kluger Hof- und Weltmann.* Nach Fr. Tosques seiner italienischen Version ins Deutsche übersetzt von Christoph Heinrich Freiesleben. Altenburg 1723.

- *›Die Kunst zu leben‹*. Vortreffliche Regeln eines alten Weltmannes fürs menschliche Leben. Leipzig, Weygand, 1786.
- *›200 Maximen‹*: modernisierte Bearbeitung der Weißbach'schen Übersetzung. *Der Mann von Welt, eingeweiht in die Geheimnisse der Lebensklugheit*, ein nach Balthasar Gracian frei bearbeitetes vollständig hinterlassenes Manuskript von K. H. Heydenreich, herausgegeben von K. G. Schelle. Leipzig, Martini, 1803. – (Nachdruck): Reutlingen 1804.
- *Das schwarze Buch oder Lehren der Lebensweisheit Gracians* ... 1826.
- *Männerschule von B. Gracian.* Aus dem Spanischen übersetzt von Fr. Kölle. Stuttgart 1838.

Die letztaufgeführte Übersetzung, eine Pfuscharbeit, wie die vorhergehenden, erwähnt Schopenhauer auch in seinem oben (S. 165) aufgeführten letzten Brief an I. G. Keil.

Über das Verhältnis der Schopenhauer'schen Übersetzung zum Urtext hat bereits jener mehrgenannte Kenner des Spanischen, in seinem, in Gwinners Biographie abgedruckten Schreiben vom 16. Mai 1832 zutreffend geurteilt: »Noch habe ich nicht daran kommen können, einen Vergleich mit dem Originale anzustellen; doch weiß ich im Voraus wie er ausfallen wird, da ich weiß, wie Sie alles, was Sie unternehmen, anfassen« ... später dann: »Ich habe seitdem Ihre Übersetzung mit dem Original verglichen und die Treue und Präzision bewundert, mit der Sie den alten schwer zu übersetzenden Herrn im Deutschen wiedergegeben haben.« Bei der von Schopenhauer selbst treffend charakterisierten Beschaffenheit der früheren deutschen Übersetzungen ist er demnach der Erste, welcher das Meisterwerk des Spaniers der deutschen Literatur wirklich angeeignet hat.

Berlin, im Oktober 1890

Nachwort zum zweiten Abdruck

Am Text war, abgesehen von der Korrektur einiger weniger Druckfehler, nichts zu ändern, dagegen ist der ›Bibliographische Anhang‹, namentlich in der Bibliografie der Übersetzungen, vielfach verbessert worden. Die S. 165 von mir signalisierten Briefe Schopenhauers an Johann Georg Keil sind inzwischen in Schemanns ›Schopenhauer-Briefen‹ (Leipzig 1894) S. 171 ff. im Druck erschienen. Aus dem ersten derselben, vom 16. April 1832, ergibt sich, dass Schopenhauer im Jahre 1825 das Studium der spanischen Sprache begonnen hat und einige Jahre später mit der Übersetzung des ›Oraculo‹ bereits ›eine kleine Probe machte‹. Diese Probe ist das oben, S. 170, von mir beschriebene Gracian-Manuskript Nr. 29. Wir erfahren, dass er dies Bruchstück von Berlin aus ›dem Brockhaus einsandte‹, um ihn zum Verlag zu bewegen: ›der hatte aber keine Lust dazu.‹ Die genaue Abfassungszeit unserer vollständigen Übersetzung ersehen wir ebenfalls aus dem Brief, indem Schopenhauer schreibt: »Hier in Frankfurt a. M., wohin ich im Herbste vor der Cholera geflüchtet bin und einstweilen sitzen bleibe, habe ich, bei guter Muße, das Ganze von Neuem und recht *con amore* übersetzt.« Die Gracian-Übersetzung fällt also in die Zeit vom September 1831 bis April 1832, und *nicht* »in die letzte Zeit seines Berliner Aufenthalts, also vor 1831«, wie Frauenstädt und Gwinner angeben.

Interessant ist schließlich, dass Schopenhauer sein an Keil übersandtes Manuskript des Gracian auf zehn Druckbogen schätzte, womit er genau den Umfang unseres Bandes der Universal-Bibliothek getroffen hatte.

Berlin, im Mai 1895
Eduard Grisebach

Anmerkung der aktuellen Herausgeber: Den sehr aufschlussreichen bibliographischen Anhang des ersten deutschen Herausgebers der Schopenhauer'schen Ausgabe, Eduard Grisebach, haben wir wortgetreu in voller Länge beibehalten. © Redaktion AuraBooks, 2020